傳承 耕耘生命科學的下一世代

吳成文於國衛院院長下任之後，到陽明大學擔任特聘講座，除了鑽研幹細胞的研究之外，更以傳衍的心情，期帶領年輕人進入學海、獨立成長，如同一位領錨的舵手，為臺灣的學術競爭力，克盡心力（圖為2014年參與ISSCR於加拿大溫哥華所舉辦的國際幹細胞學術研討會）。

吳成文在美國時，進行基因轉錄的學術研究，實驗室有三十餘名研究夥伴。這是1986年於美國紐約州立大學石溪校區與其實驗室團隊的聚會。

1988年吳成文放棄美國常聘講座教授教職，回到臺灣擔任中研院生醫所籌備處主任，全心投注創建家鄉的生命科學研究實力。

1989年2月27日，生醫所同仁為吳成文生命伴侶陳映雪博士慶生。當時陳映雪博士已罹患癌症，但是依舊與回臺的科學家一樣，捲起衣袖奮力研究。

1993年7月2日於龍珠灣舉辦的學術共識營，這一批生力軍為臺灣耕耘出生命科學研究的第一片根苗，科學家們以三十年的歲月為臺灣踏出機會。

除卻生醫所的研究業務，吳成文還積極幫助臺灣其他重要的醫療院所，臺大醫院的腫瘤病房就在他孜孜不倦排除障礙下成立。1994年臺大醫院西址五西二樓腫瘤病房揭幕，臺大醫院特地邀請吳成文致詞，也感謝他的協助。

因為基因轉錄在世界與亞洲均是先驅的研究議題，為了幫助過去在實驗室學習、回到亞洲的學生，於學術領域上更加精進，促動了吳成文成立亞洲基因轉錄研討會（圖為1990年12月6日於中研院生醫所的第一次會議）。

1996年於日本舉辦的亞洲基因轉錄研討會，這時候吳成文的學生島本伸雄（右一）已經具備學術與行政能力來執行此跨國學術活動了。

細胞及分子生物學學會1995年於墾丁的冬令營，引領學術活動南移，建立了細分學會在墾丁舉辦學術活動的傳承。

2014年4月21日第十屆海峽兩岸細胞生物學學術研討會，吳成文受邀演說，回顧建立學會時克服萬難的過往歷史。

第十屆海峽兩岸細胞生物學學術研討會於澎湖舉行，兩岸科學家跨越政治的現實，以科學友誼互動、溝通，吳成文認為這是建立兩岸彼此瞭解的機會。

細胞及分子生物學學會於2017年成立「吳成文院士學術講座」，除感念吳成文創建學會的貢獻之外，也藉此邀請國際重量級科學家與會進行學術演說。第一次學術演說為邀請中研院院士歐競雄。

吳成文受吳大猷院長之託成立生物物理學會，1996年5月9日於墾丁召開學術研討會，學會在這一個嶄新的學域上，扮演了領航的功能。

為紀念陳映雪博士創辦學會的辛勞，以及她抗癌不懈的精神，生物物理學會成立「陳映雪博士學術紀念講座」，2011年本講座的主講人為中研院王惠鈞院士。

2012年5月23日生物物理學會年會暨研討會於中研院生醫所舉行，國際學者與會激勵著臺灣的學術能量。

2017年第22屆生物物理學會「陳映雪博士學術紀念講座」邀請中研院院長廖俊智蒞會演説，吳成文致贈紀念品答謝廖院長的精彩學術分享。

前中研院已謝世的吳大猷院長為吳成文尊敬的學術前輩，這也促動他日後擔任吳大猷基金會董事長，承襲吳大猷遺志，以推廣臺灣的科學教育（圖為1993年生醫所成所的慶祝茶會）。

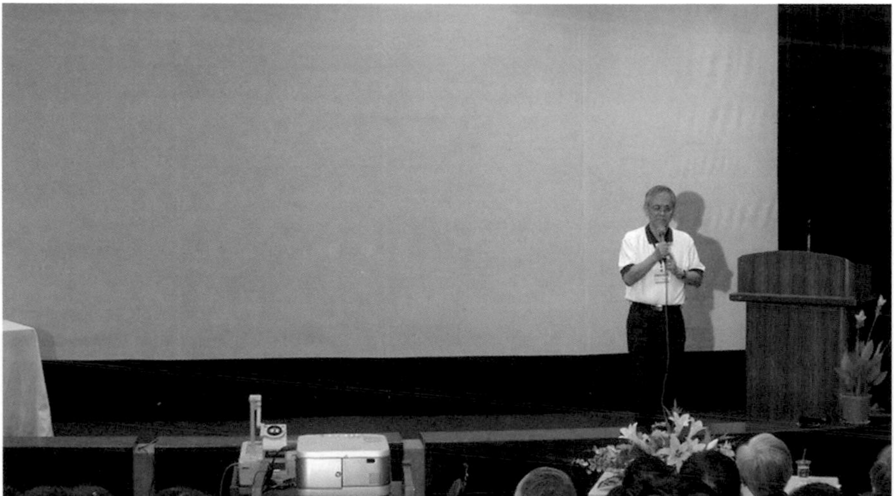

2002年，由國衛院主辦的第二屆吳大猷科學營，吳成文在尚未擔任吳大猷基金會董事長之前，已經致力於科學教育的撒種工作。

2017年第十六屆吳大猷科學營大合照，科學營已經成為海峽兩岸及港、澳四地對科學研究有興趣的學生們積極參與的學術活動。

感念吳成文對建立國防醫學院生命科學研究所的助力以及其學術貢獻，吳成文於2008年獲國防醫學院榮譽講座教授（左為時任國醫院長張德明教授）。

2013年國衛院重啟論壇（詳見本書內文），圖為第一次諮議委員會議部分委員。吳成文邀集學界、醫界領導人物，一起為論壇戮力，扮演知識份子回饋社會之角色職能。

2017年國家衛生研究院論壇議題研習營，針對如何改善重大健康議題，與會學者提供剴切建議。

藉由廣泛參與及實踐，不斷修正之醫學型照護體系，論壇以工作坊的型態邀集學者，以求快速因應日益複雜的照護與醫療環境。

2015年3月，吳成文參與高雄醫學大學舉辦的第一次校務發展諮詢委員會（詳見本書內文），協助邀請國內重要學者與會，希望幫助高醫的校務與學術發展。

由吳成文成立的「健康科學文教基金會」所舉辦的2006年「第一屆醫學系學生暑期研究計畫」，本研究計畫更往下耕耘，希望醫學系學生於求學期間，即能進行實驗室的訓練，以學習研究方法。

2016年第十一屆的暑期計畫，基金會第一次與國衛院攜手合作，共同主辦。

吳成文致力學術傳承，時常受邀前往各大學進行演講。圖為參與成功大學舉辦的「週日閱讀大師」科普獎座，深入淺出演説生命的奧秘。

週日閱讀大師講座會場，大家齊聚一堂。透過科普演説，幫助民眾更瞭解科學與生活的緊密關係。

2017年吳成文參與清華大學爭取政府新型態產學鏈結的價創計畫會議，以學界前輩的身份，提供意見。本計畫為清華大學楊嘉鈴教授主導（詳內文），清華大學精銳盡出，合作著力，也希望為政府建立出產學合作的潛力機會。

傳承

耕耘生命科學的下一世代

吳成文
劉傳文◎著

推薦序一

手中永遠握有開鎖之鑰的吳成文院士

中央研究院是我國最高的學術機構，院士們在各自的領域裡都有傑出的表現，他們散居海內外，大多數都在著名的研究型大學裡從事教研工作，除了每兩年參加院士會議之外，平常也都和院內各研究所有密切的合作關係，居住在國內的院士們更常在院舉辦的季會中，提供學術諮議意見。其中有幾位院士因為自身的經驗、智慧和專業，以及卓越的見識，每每在議題討論時，很自然的成為意見領袖，而閱歷豐富、德高望重的吳成文院士更是領袖中的領袖。每次聽他不慍不火、條理分明地道出他的高見，我坐在人文社會組的一角，總是很佩服，因為他把我心裡想表達的話，闡述得更深刻且精采！

這本書敘述相當多臺灣學術走向國際學壇的折衝事件，有一些發生在我回國服務之前，但我從和他相識的友人口中，有所耳聞；有一些是我親眼目睹，包括他籌備國衛院，希望為臺灣的衛生健康研究打造世界級的平台，其中的艱辛波折，也唯有他，才能突破。臺灣的生醫研究，由傳統醫療走向現代精準醫學，處處都是困境，新舊觀念的轉變和磨合，有限資源的分配、人才培育的重點必須聚焦，新的實驗設施、先進的研究儀器，以及領導人的尋訪安置等，也都必須解決。誰來解決？吳成文院士扮演著吃重的角色。

我在中正大學服務，他高瞻遠矚地把我找上臺北，幫忙榮陽團隊，建立第一部專屬研究的功能性磁共振造影（fMRI）平台。沒有他的視野，勇氣十足把一位他不認識的Ovid找來負責；沒有他的魄力，將第一步腦造影儀器放在醫院卻用於基礎研究，臺灣的認知神經科學研究就不知道還要落後世界多少年？而我在當中研院副院長時，從他身上，學到了很多如何面對困境，建立有利環境，達成設定目標的作為，則讓我永遠感激莫名！

讀這本書，就像重新走過那段特殊的臺灣學術發展史，而書中的主人翁吳成文，正是那位風度翩翩、衣著整齊，手中永遠握有開鎖之鑰的紳士院士。

曾志朗（Ovid）

（本文作者為中央研究院院士）

推薦序二

生物醫學界的先驅者

吳成文院士是當今生物醫學界公認為最有影響力的人物之一。他自從一九八八年返國定居，在二十年期間領導國內二大重要學術研究機構，即中研院生醫所及國家衛生研究院的創立，而更令人敬佩的是他回臺後近三十年期間對國內其他學術單位的發展或政府的科技政策方向，也積極熱心襄助及提供前瞻性的建言。

這本傳記很詳盡介紹吳院士對於亞洲基因轉錄研討會、生物物理學會、細胞及分子生物學學會，如何藉由他的國際聲望及人脈，將國內的學會組織開展至國際研討會及學會，提高臺灣生物醫學領域在國際的能見度。

吳院士對於國內醫學大學的教育環境或制度面改善有相當大的貢獻，例如TMAC的醫學院評鑑、醫學系暑期計劃的研究訓練、中研院與國防醫學院的生命科學研究所博士班的設立、北醫大及高醫大校務的諮詢、國衛院的論壇等都有他的關鍵性角色。

值得注意的是本書內有一章節，記載了陽明大學歷任首長的風雲榜。很顯然地，陽明歷任的五屆校長，從韓韶華、張心湜、曾志朗、吳妍華及梁賡義等人，他都參與校長遴選過程或諮詢的重要角色，因此吳院士是陽明近三十年校務發展上，舉足輕重的關鍵人物。而這非常難能可貴的機緣及福份，也可能說明二〇〇八年吳院士自國衛院退休後，在眾多的邀約中，選擇了陽明校園繼續他學術生涯的傳承。他持續帶領年輕及中生代的學者，在再生醫學及癌症研究領域衝刺，為臺灣下一代的學術研究及教育獻上終身的睿智及經驗！

更難能可貴的是這本傳記也提出諍言，指出政府在制定科技政策應重視科技創意，建立集思廣義的建議機制，切勿落入決策粗糙、執行倉促的泥淖中，因為教育及科技的決策是臺灣未來的國力，影響甚鉅。

吳院士三十年前義無反顧返國，秉持一份理想，期盼自己的國家能有高水準的學術機構及學術研究，迎頭趕上科學先進的歐美國家，他帶進了許多學術新制度，改變了舊有的學術文化及學術環境，養成了一批批年輕菁英。他以歲月、智慧、行動來完成臺灣今日生物醫學的發展及繁盛，期盼我們的生醫研究能永續發展，再創高峰，秉承吳院士的初衷！

吳妍華
（本文作者為中央研究院院士）

推薦序三

科學人無可避免的承接責任

三十年為半個甲子，以三十年回臺的流光，實地參與臺灣生物醫學研究的建造，及以國家戰略的高度、全球化的觀點，推促臺灣生物醫學研究往世界的舞台邁進，這一條長路其實不只於開拓，更是一份啟肇與期待傳承的科學家心懷，而這也是吳成文院士書寫本書的動力。

書版區分四大範疇，分別是「創」、「育」、「傳」、「成」，四大範疇集結不同的篇章主題，卻是一脈相承地闡明吳院士對臺灣生技發展的卓見。這其中涵藏他培育臺灣生技實力的謀略，一路希望將臺灣的科學能力，自拓荒之初即望眼國際。

例如建立基礎醫學領域全臺最大的「細胞及分子生物學學會」，以學會打破學校藩籬，希望蓄積未來的學術人才，更據此申請加入國際學會，雖言招致對岸的杯葛，但吳院士卻不退卻地在國際年會上據理力爭並退席抗議，同時以敦親睦鄰的友善心懷與對岸的科學家互動，建立以科學真理為基礎的情誼，之後，方能當選世界細胞生物學聯盟主席，且再進一步以國際學會主席的行政職能，舉辦「國際細胞及分子生物學訓練課程」，堂而皇之展現臺灣的科學實力。以蕞爾小島之姿卻足以貢獻世界，這對臺灣來說，是接軌國際科學舞臺榮耀的光芒，而這一長路是吳院士以國家與世界的眼界，為臺灣創造勝利的一頁紀錄。

而其所建立的里程碑尚不此於斯。例如打破學校的規範，結合中研院的研究能量，建立國醫生命科學研究所，這個研究所不僅為臺灣培育諸多生科人才，影響所及對中研院，甚而重要的研究型大學其國際學程的規劃，扮演著促動的角色，激勵出臺灣挑戰世界的企圖心。

深謀遠猷，出自胸懷。這二十年的故事在一頁頁的篇章中詳述，而上述的實例，卻觀察出吳院士在開拓、肇始所有學術組織、制度之際，一貫的學術心思，即在於養成國家所需、具有競爭力的生命科學學術人才。於是他的廣伸觸角，無論是往下耕耘重要研究型大學暨醫學大學學子的培育，如所成立基金會之「醫學系學生暑期研究計畫」——這是體制外的撒種養成；如學校領導人的推薦——這是在培育臺灣的學術行政人才；以及接壤國際的學術改革——例如醫學院評鑑，為臺灣的醫學教育打開國際的認可等等。上述所有的「關鍵字」就是「培育」二字，而這卻是對臺灣最重要未來世代競爭力的基礎。

秉持此觀點出發，就能對書中所有的記述，以一個專注的眼界逐一審視。例如，無論是腫瘤專科醫師訓練所帶動設立臺大的癌症研究中心、成功大學醫學院及陽明大學的學術參與；甚而獨具地以傳統文化中的私塾觀念，點出目前臺灣私立院校的弊端，書中雖以高醫為例，而私立院校卻是臺灣高等教育最應注意的陳痾，其牽係著六〇%～七〇%進入私校的學子，也說明出如果私校的問題無法解決，臺灣所培育的下一代將出現無法彌補的斷埵，這必斲傷國家來日的實力。

透過更新的制度、學會的建立、引進學校學術人才的興替、高等教育私校的爭端，所專注的均是國家的學術競爭力。而吳院士更以其曾擔任國家級學術機構如中研院生醫所、國家衛生研究院大家長旗手的高度，來剖析國家的科技政策，這是他書中四大篇章的壓軸——「成」，而這個「成」字的關鍵就在於政府正確、宏觀、具有遠見的政策規劃。

這個「成」字，份量之重，令人反思。

吳院士以二〇〇〇年做為臺灣科技實力消長的分界點，據此分析與觀察臺灣目前的限度，他特別舉出臺灣幾個成功的實例，及處境甚而比臺灣艱困的以色列，說明出非不能也，妄為也。現今世界研究局勢瞬變，跨領域研究勢在必行，兼之臺灣的人口結構更迭，國家的科技政策必須藉助科學家創意與圖進的眼光，以學術激勵產業，切忌忙亂的科技政策，這反而會損傷臺灣在上一世紀所有科學家孜孜耕耘累積的科技能力。

這是一本具有反省與思索的重量級書版，如我在文前所言，是吳成文院士以全球化的觀點、國家的策略高度，結合他曾經領導國家級學術機構的經驗，針對目前臺灣在原地打轉的現況，所回饋出之有關未來生醫教育與國家發展的遠景。書寫序文的我，也因著閱讀本書勾起這三十年臺灣生醫學界奮戰、崛起的回憶。以一位身為自上一世紀到新世紀的科學人之我，也期待這本書放在所有關懷臺灣科技發展的人之案頭，因為這不只是歷史的行雲流水，而是所有新世代科學人必須承接的重責大任。

余幸司

（本文作者為高雄醫學大學醫學院臨床醫學研究所暨皮膚學科講座教授，前國衛院代理院長）

傳承臺灣科學實力的火炬

想一想，一九八四年，真是我一生關鍵的一年。那一年，我當選中研院院士，我在美國紐約州立大學長島石溪院區的辦公室，來了幾位中研院院士在國外知名的長輩、友人，有曹安邦院士、吳瑞院士、王倬院士、何潛院士，他們邀請我回臺參與中研院分生所及生醫所的籌備與設立事宜。那一天大家在我長島的辦公室，晤談許久。

今天回想起來，我知道如果以我自己的學術研究考量，我不會回到臺灣，因為我在美國的學術研究順利，當時手中有五個美國國衛院的學術計畫，對於一心想挑戰學術真理的我，在美國的發展一定更加開闊。

但是因為家鄉的召喚，以及我當時又提議上述幾位國外院士利用年進休假的時間接力回臺，幫助臺灣的生物醫學基礎建置，這一個自以為聰明的辦法，也翻轉了我爾後三十年的學術生涯。

由於我的醫學背景，生醫所的余南庚及錢煦院士向分生所借將，讓我回臺一年到生醫所服務。學術研究重要的關鍵肇建於人才、學術制度與基礎建置，但是在上一世紀八〇年代，這一切都需要白地基做起。當時分生所及生醫所都是空的，如何吸引在美已經接受過紮實訓練的學人回臺，是臺灣要進入生命科學研究的第一個關隘。

我在安排好接力回臺的一九八八年之前，自一九八六年開始，已風塵僕僕地在全美延攬回臺的科學家，而我們這一群三十餘位科學大軍在一九八八年回臺之後，的確改變了臺灣的學術生態。

例如，當年中研院五點半下班後的冷氣是關閉的，但是進行中的研究不可以隨時停擺，為了冷氣事宜，生醫所與分生所還特地面呈吳大猷院長。自此生醫所及分生所幾乎是二十四小時燈火通明，回臺的科學家們一心期待在來日可見的科學競爭中，為臺灣拼盡心力。

一年的時間飛快，我必須回美敘職，不料與我一起回生醫所的科學家面見院長吳大猷，要求我留臺，要不他們也將回美。不僅是吳大猷院長，臺灣醫界的師長們、國內外院士都希望我能留下來。幾經思量，尤其是我在美國的學術事業與小孩教育問題等，都不是容易解決的問題，但我最後下定決心，放棄美國的終身教職與優渥的薪俸，斬斷後路，為了家鄉在將來世紀生物醫學的研究發展，毅然回臺長居。

那時我已觀察到臺灣的學術研究必須整合大家的力量，才足以與先進國家抗衡，這是人才有限的現實，當時生醫所與分生所的科學家加起來不足百人，這一個數字自是比不上先進國家如美國重要的研究機構或是大藥廠，其單一機構學術人員即超過三、四千人之譜。這也是院士會議提議要成立國家醫學研究中心，以及我在總統府紀念月會中報告「生物醫學研究之現況與展望」建議成立國家衛生研究院的原因。

因為卓越學術人才之養成，必須仰仗優良的學術機構與環境，而臺灣要在國際上與科技強國競爭，必須整合大家的學術能量，尋找臺灣足以致勝的研究標的，同心合力，方有機會與世界一較短長。這是我歷經艱難險阻成立國衛院的背後因素，為在整合與帶領臺灣的生醫研究，大家協力一起在全球的科技競賽中得標，為臺灣未來以科技強健國力奪取機會。

其實，臺灣上一世紀的表現不凡，在二〇〇〇年之前，臺灣的學術研究快速飛躍，於世界兩百多個國家中，SCI的論文數堂堂進入前二十名，是一段真實的歷史見證。這曾經的榮景，超越除了日本之外的亞洲各國，曾經讓來臺為生醫所或是國衛院進行學術審查的世界各國科學家們不可置信，甚至對我質問，臺灣是怎麼辦到的？

我對著國際的科學友人說道，必須創造優質的學術環境，這包括一流的學術單位、建立優良的學術制度，及養成卓越的學術人才。而回觀我說的話，以及回到故鄉之後，我在臺灣所做的事情，其實就在實踐上面的所思所想。當年回家這一關鍵步伐，讓我的心懷為了孕育臺灣學術能力的這一個執念，走了三十年。

這三十年的前半段歲月，是臺灣揚起與振奮的記憶，後半段的流光，則見臺灣在國際的科學角競上，逐漸成為緩坡的平地。寰視曾經為臺灣科學發展埋下理想的幾位前輩、友人，有的或已老成凋謝，而十數位與我一起走過昔年歲月曾經的青壯夥伴，現在也一一退休，有時會聚，在緬懷披荊斬棘的過往及關注臺灣未來科技能力的大家，總是說著：成文，你要寫下來，尤其是給現下在科學競技場的年輕人，跟他們說，臺灣其實是非常有機會的，只要他們把科學命脈的火炬承接下去。

一句話說來容易，卻是我們這一群人以幾乎半生的生命，為臺灣所耕耘出的一頁汗水歷史。這即是我書寫本書的背景。這一本書以不同事項、逐一的篇幅，來記述三十年來前文言及科學思索的作為，自學術學會的創立、學術單位的建置，以及為求學術卓越所引進的學術改革新制，甚而綜觀臺灣三十年來的科學發展與政策作為等，如此的文字思路，有點像是我曾經參與所有科學事務的綜合回憶錄。

傳承火炬給年輕的世代，是心中的理想，如同人類繁衍的生命樹，是一代接續一代、一代傳遞一代；是文化、能力與生命的衍替。歷史的記述其實不是在陳達過去，而是匯聚經驗提供給新生代養份；因為不知史，無以知興衰，無以立千秋。我們這一代為臺灣開創了科學舞台，枝芽成長之後的壯闊，更是年輕世代的責任。

傳承需要的是大家接下鋤頭的手，一步一腳印地紮實耕耘與挑戰，臺灣的機會也同樣需要代代接續，前人的足跡，正是後人的遮蔭。不過臺灣卻不能消費前人的開拓成果，必須在成長的借鏡中，從蔽蔭走出，經營屬於自己這一代以及超越前人的躍進。於是傳承的意念，成為我撰寫本書的初衷。

謹以本書獻給曾經一起耕耘的學術夥伴，讓我們大家一起期許與欣見臺灣的成長。這一片福爾摩沙美麗家園，是我當年願意放棄所有學術榮耀回臺的因素，更是我們大家一心不變的盼願——臺灣生命科學傳承的火炬。

吳成文

傳承

耕耘生命科學的下一世代

目錄

Chapter 1 創

Chapter 2

育

Chapter 3

傳

Chapter 4
成

Chapter 1

創

1.跨足兩岸，步向世界——細胞及分子生物學學會

二十世紀中葉，生命科學引起了跳躍式的革命，藉由DNA分子結構的發現，科學家們瞭解DNA為基因的物質基礎。今日，DNA不僅可以定序，解構其序列之後，尚能進行剪接、重塑。由於基因突變不但可瞭解疾病的成因，做為診斷的基礎，還可利用基因的修補進行疾病的基因治療。此外，也可將基因放入細菌、酵母菌或是其他細胞中來表達，這類基因的轉殖，能夠製造很多新的蛋白質藥品，如胰島素、生長激素、干擾素等。

以人類基因體學的研究，分子生物學家也開始反思如何透過已建立對基因的認識，進一步探究其對人類生物體內的功能，而這就必須藉助細胞來做研究，也因著這個認知，讓分子生物學家一步一步地跨入細胞生物學研究的領域。

此為上一世紀分子生物學自五〇年代到八〇年代的演進。八〇年代之後，細胞生

物學成為新興的科學領域，這也是臺灣當時的海外學人所意識到的變化，他們無不希望臺灣的科學界趕搭上這趟學術快車，甚而來日能與科學先進國家並駕齊驅。

當時，有一批海外學人齊力幫助中央研究院籌備與建立生物醫學科學研究所（簡稱生醫所）與分子生物醫學科學研究所（簡稱分生所）。吳成文為第一位國外的院士回國定居，在兩所籌備期間即扮演著重要的角色。而那時在國內的學者，也體受到這股科學風潮的重要性，開始構想藉助學會的組織型態，進行學術的發展與互動，幫助我國的生命科學家及早進入這個新興的學術陣營。

最早發起成立細胞生物學會的是曾經擔任臺大醫學院院長的楊照雄教授。楊教授為日本松本醫科大學醫學博士，因為研究EB病毒基因的背景，敏銳地感受到細胞生物學世代的來臨，所以竭盡心力規劃、籌組學會，但是他努力了一段時間，籌備學會事宜進行得並不順利。

那時吳成文已經回國擔任生醫所所長，一日，楊教授親自到中研院找吳成文，希望他來帶動成立細胞生物學會，楊教授認為必須有如生醫所或是分生所這些國外回臺的科學家一起合力參與，細胞生物學會才可能組織起來。

細胞及分子生物學學會——一頁臺灣生命科學發展史

就是這位醫界熱心前輩的一席話，吳成文概然應允。那時，吳成文方回臺不久，與各大醫學院有相當好的互動，吳成文認為學會的設立事宜，必須中研院與各個醫學院合作。所以，吳成文邀請當時在陽明醫學院的羅時成教授擔任秘書長（註一），並且請分生所的黃昭蓮教授（註二）負責會員招募的工作。

一九八九年「中華民國細胞及分子生物學學會」（The Chinese Society of Cell and Molecular Biology，CSCMB）經內政部獲准成立，第一屆理事長即為吳成文。在吳成文及羅時成、黃昭蓮兩位教授的規劃下，廣招學會會員，邀請各重要醫學學術機構的老師，及中研院相關研究單位的研究人員暨生命科學領域的碩、博士生，一起加入學會組織。

細胞及分子生物學學會（簡稱細分學會）開始只有兩百名會員，到吳成文第一任理事長屆滿時，參與細分學會的會員已經超過一千人。由於學會發展順利，吳成文被選任為第二屆理事長，為了方便推動日益繁忙的會務，吳成文特別邀請在他美國實驗室的博士後研究員、回國後任職於中研院生醫所的李德章教授，擔任學會的第二任秘書長。學會確立每年固定舉辦「細胞及分子新知研討會」，除在會中邀請國內外知名的科學家蒞會演講之外，同時舉辦碩、博士生的口頭及學術壁報競賽。

吳成文舉辦的第一次研討會在墾丁青年活動中心，李德章即是他的得力助手。參加這次會議計有六百餘人，因著每年會員數的增加，後來參加人數也超過千人，這時候終於看到耕耘的成績。而為了使學術資源較少的臺灣南部大學的學生有機會參加，所舉辦的研討會大多在墾丁，舉辦的時間約於每年的一月到二月左右，因之也稱為「墾丁冬令營」。每年墾丁冬令營的學術盛會已成為生科界最重要的學術活動之一。

學會創立迄今已經二十八年，累積的會員數計達七千餘人，是臺灣最大的基礎醫學學會，吳成文擔任第一屆及第二屆理事長，由於第三屆理事長選舉不合內政部規定不能通訊投票而延遲一年，致使吳成文擔任了五年的理事長，之後他旋即交棒（註三）。迄二〇一七年墾丁冬令營已經進入第二十五屆。二十餘年的時光，開創、孕育、傳承，以學術活動引介生物科技新知，拓展了我國學者的視野，培育了新生代的研究者，墾丁冬令營成為一頁臺灣生命科學的發展史。

說及細分學會的創立、舉辦學術活動，是一頁臺灣的生命科學發展史，其實有著一長段故事，這是臺灣跨出地域與世界、甚而與海峽對岸接壤的一段歷史回顧，而吳成文在其中又因緣際會地扮演著重要角色。

因「亞太細胞生物學會」連結出的「海峽兩岸細胞生物學學術研討會」

學會成立的重大目的之一為希望與國際相關學會互動，來拓展我國科研人員的視野，激勵與提升臺灣的學術研究。因此，吳成文一心希望細分學會能盡早加入國際上的重要學會組織。

一九八九年臺灣成立細分學會，同年，亞太細胞生物學會APOCB（Asian-Pacific Organization for Cell Biology）也在日本與大陸科學家促動下成立，第一任理事長為中國大陸知名的腫瘤科學家姚鑫院士。一九九〇年APOCB在上海召開第一屆學術研討會，吳成文與臺灣十五位科學家「浩浩蕩蕩」組成臺灣代表團前往上海。

這是兩岸在當時尚有政治禁忌之時的一場學術界大突破。九〇年代初期，兩岸即令有學術上的互動，也都是零星的「單飛」型態，兼之那時大陸開放未久，學術研究尚在急起直追，吳成文帶領我國的科學家第一次以代表團的方式，並以參加國際學會的名義（APOCB）前往上海，直是一場學術的「破冰之旅」，受到姚鑫院士及大陸學術界的熱烈歡迎。這次會晤，對於海峽兩岸的學術交誼，甚而未來吳成文可在國際上最大的學會組織為臺灣扮演出角色，均有關鍵性的影響。

當時於APOCB的學術會議中，吳成文是以細分學會的名義申請入會。姚鑫院士以及曾經擔任廈門大學校長的汪德耀院士更進一步與吳成文商議，覺得，不論兩岸的情勢如何，以共同的科學學術語言進行交流，是兩岸可以彼此瞭解及激盪出更多科學發展的機會，所以希望吳成文回臺後，積極促成海峽兩岸生物科學界的學術交流會議。海峽兩地的這三位科學家，同時立下規範，未來海峽兩岸的學術會議由雙方輪流舉辦，研討會的主旨為瞭解兩岸細胞生物學研究的最新成果，進一步促進兩岸生物科技教育的合作與發展。

這在上一世紀九〇年代初期兩岸政治對峙的氛圍下，有此跨越式的決定，的確是不容易。吳成文與大陸的兩位科學家憑藉著一腔學術熱誠，努力走了五、六年，中間經歷了國際學會與對岸的折衝，及臺灣當時尚有刑法一百條的制限，真是跨越了重重障礙。如此努力不懈，終於把海峽兩岸細胞生物學學術研討會辦了起來，從一九九六年第一屆研討會於福州召開，自此兩岸的科學家突破了曾經互不往來的情勢，一起切磋交流，在學術天地建了二十餘年的友誼。

雖然與大陸科學家的交誼與兩岸的互動上有了跨越，但吳成文在帶領細分學會希望進入國際性重要的學會組織，卻是一波三折，且挫折的因素均是因為臺灣與大陸所存在的蒙昧關係。

申請加入細胞生物學國際聯盟（IFCB）受阻

如前所言，細胞生物學為生命科學新興的研究領域，有此屬性的國際學會也多半是新生組織，例如一九七二年成立的「細胞生物學國際聯盟」（International Federation for Cell Biology，簡稱IFCB），就是一個跨國學術組織。IFCB共有五十多個國家的會員國，也是聯合國國際科學聯盟ICSU（International Council of Science Unions）旗下的科學學會組織。一九九二年，吳成文遠赴西班牙參加IFCB第三屆年會暨研討會，回臺之後，隨即積極著手以臺灣細胞及分子生物學學會的名義申請入會。

當時，細分學會的墾丁冬令營已經舉辦得非常成功，會員數約為四千多人，以如此的會員數，及歷屆邀請國際知名科學家來臺進行學術演講與參訪，已經在亞太地區發生極佳的效應，所以，吳成文認為臺灣細胞及分子生物學學會申請加入IFCB為會員國，應當沒有問題。

一九九六年，吳成文與當時學會的秘書長李德章教授參加IFCB在舊金山舉辦的第四屆學術年會，其實吳成文與李德章教授參加這次會議的最重要目地為代表臺灣申請入會。這一年，也是姚鑫與汪德耀，以及吳成文突破萬難，規劃在福州召開第一屆海峽兩岸細胞生物學學術研討會的時刻。此時中國大陸已是IFCB的會員國，吳成文以為兩岸在細胞生物學學會的交流已經開始，大陸方面可能不會阻礙臺灣申請加入IFCB。

吳成文與李德章興沖沖到達舊金山，他們早已將學會申請入會的申請書寄達IFCB的執行委員會，隔日即是大會，將進行有關新會員國的審議事宜。不料，在前一天報到的時間，吳成文見到大會的秘書長，一向與他相熟的加拿大科學家友人Arthur Zimmerman（席瑞蒙），一見到吳成文就急著對他說，臺灣申請加入IFCB無法排入大會的議程，在執委會中已經被否決掉了。吳成文詢問之後才知道執委會中大陸代表表示，因為臺灣不是一個國家，無權申請入會，所以投票反對。科學界好友帶來訊息，說明臺灣入會無望，但吳成文卻不就此做罷，他依舊堅持隔天參加大會，在大會中為臺灣表達嚴正的立場。

據理力爭，以退席大會表達抗議

第二天，吳成文與李德章一早即到會場，當大會處理新會員國入會事宜之際，有關臺灣的申請案，主席裁決不討論。主席說：臺灣的入會申請案已經過執委會表決，不排入議程。吳成文舉手質問主席不排入議程的原因，主席回應道，因為臺灣不是一個國家。

這時，吳成文站起來，義正詞嚴地說道：請問IFCB是一個政治性組織還是學術性組織？如果IFCB是政治性的組織，臺灣是否為一個國家才有討論的依據，但IFCB大會是一個學術性會議，臺灣是不是一個國家根本不宜在此討論；何況在聯合國ICSU憲章中特別提到，不可以對任何一個參加會員有政治歧視，今天臺灣入會受到阻擾，就很明顯為政治歧視。

接著，吳成文更高亢地說道，他將以離開會場做為對大會裁示的強烈抗議，同時要求把剛才他的聲明列入大會記錄，以為臺灣學術組織遭到政治歧視的見證。說完，吳成文與李德章教授在與會各國科學家的注目下，公然步出會場。

這是一九九六年IFCB於舊金山會議的場景。吳成文收拾行囊回到臺灣，同年冬天，吳成文帶領臺灣的科學家前往福州參加第一屆海峽兩岸細胞生物學學術研討會，他認為兩岸必須透過更多的學術接觸來相互瞭解。

那時，大陸已經有不少在海外受過訓練的科學家回國，日後均在兩岸的會議及亞太細胞生物學會中扮演重要角色。例如，從德國回到大陸於中國科學院上海細胞生物學研究所的丁小燕教授，及中科院院士裴剛教授，他倆是繼姚鑫與汪德耀兩位院士之後，對海峽兩岸學術事務戮力盡心的大陸學者。

以學術形成共識：科學的歸科學，政治的歸政治

那年（一九九〇年）臺灣代表團赴上海參加第一屆亞太細胞生物學會受到大陸學界的熱烈歡迎與殷勤招待，其間從廈門來的汪德耀院士，特地安排臺灣的科學家前往廈門大學訪問，並遊覽鼓浪嶼。

這是大陸與金門最接近的島嶼，他們在鼓浪嶼參觀了一座鄭成功的雕像，正對著隔岸的金門，只見那鄭成功的手指指向金門，雕像上鐫刻著「解放臺灣」四個大字。這讓吳成文想起他在金門當兵時，最前線也有一座鄭成功像，金門的鄭成功像上所雕刻的文字卻是「反攻大陸」。這一來一往，兩相對照，可以看得出曾經是劍拔弩張的兩岸態勢。

兩岸的局勢不明，以這樣的心思揣想大陸科學家在世界細胞生物學聯盟執委會中杯葛臺灣的情狀，吳成文雖不以為然，卻多少有一些體恤。

倒是吳成文要求臺灣加入亞太細胞生物學會時，由於理事長姚鑫院士真情的支持，臺灣得以與大陸一起成為亞太細胞生物學會的會員。也因為姚院士的推薦，吳成文在第二屆於日本召開的會議中被選為執行長，之後於一九九九年又被選為第三屆會長，負責二〇〇二年亞太細胞生物學會在臺北召開年會的事宜。

而這段期間，兩岸細胞生物學學術研討會已經從福州到臺北、上海、墾丁、武漢等地舉辦了多次，海峽兩岸的科學家已經有多次的切磋與接觸，大家已建立起真誠的情誼。科學家們無不期待透過學術研究的互動、學習，超越現實環境與兩岸的情勢，讓科學的歸科學、政治的歸政治。

這樣的情懷，無形中幫助了吳成文藉助科學的腳步，把臺灣的學術研究一步一步推向世界。

終於加入世界細胞生物學國際聯盟，為臺灣學界爭光

這是在二〇〇〇年吳成文以亞太細胞生物學會理事長的身份，受邀參加於澳洲舉行的世界細胞生物學國際聯盟學術會議，一段為臺灣反敗為勝的故事，當時臺灣依舊不是聯盟的會員國。一九九六年IFCB於舊金山會議的秘書長席瑞蒙已是本屆的會長，當吳成文抵達澳洲之際，知道了席瑞蒙又在著急地找他。

一見到吳成文，席瑞蒙就告訴他，四年前舊金山會議吳成文嚴正抗議離開會場後，在場的科學家一片譁然，多國爭相發言支持臺灣，尤其是曾經被蘇聯欺負的幾個東歐國家，包括捷克、波蘭、匈牙利等國，一致表態支持臺灣入會，且這些發言均列

入大會記錄。

吳成文認為在這麼多國家的聲援下，現在是臺灣申請入會的最佳時機，可是因為不知道有這樣的轉折，所以舊金山會議回臺後並沒有再申請入會。這時，急忙問席瑞蒙，是不是可以先寫一封親筆信給他，要求大會重新考慮一九九六年臺灣入會的申請。席瑞蒙表示，他可以盡量幫忙，不過中國大陸可能會再次杯葛，希望吳成文妥善處理。

巧合的是，這次代表中國到澳洲參加學術會議的科學家，就是多年來參加兩岸生物學學術研討會的一位中國科學友人，吳成文特地去請他幫忙臺灣入會事宜，然這位科學家為難地說，他必須先向北京匯報請示。

隔天，吳成文迫不及待詢問大陸的科學友人有關北京的消息，這位科學家表示，沒有聯絡上。吳成文抓住機會非常懇切地說道，既然北京沒有明確指示反對臺灣入會，請他在會議上不要表示意見。吳成文知道對岸友人的難處，不過他想著，走一步算一步，先申復臺灣的入會申請，只要進入議程，大會其他國家的支持也許可以幫助臺灣順利加入。

其實，這幾年因為每年兩岸細胞生物學學術研討會的學術交誼，大家已經建立了很好的情感，也心知肚明學術與政治的分野，所以，在討論臺灣入會之時，這位科學家並沒有發言反對，加上大會主席事先將四年前舊金山會議中吳成文抗議的記錄及這次要求大會重新考慮的信件，事先發給每位與會代表，臺灣終於通過進入世界細胞生物學國際聯盟成為會員國。經歷了數年的努力，成果得來不易，這一次算是豐收地回到了臺灣。

被推薦為世界細胞生物學國際聯盟主席候選人

二〇〇二年吳成文在臺北舉辦亞太細胞生物學會年會，會議空前成功，與會的各國科學家對臺灣可以舉辦如此高水準的學術會議，印象深刻。會議結束不久後，吳成文接獲紐西蘭著名女科學家Cynthia Jensen（簡心雅）的電話，她恰是第七屆細胞生物學國際聯盟執行委員會的委員，簡心雅除了告知下一屆學術年會將在法國尼斯舉行之外，還向他詢問有沒有興趣考慮擔任細胞生物學國際聯盟主席。

簡心雅說，她參加了吳成文主辦在臺灣舉行的亞太細胞生物學會研討會，對臺灣學界的表現及吳成文的領導能力刮目相看，而這次大會因為吳成文中復臺灣的入會案件，讓她對吳成文的膽識更是佩服。巧的是，本次聯盟的執委會希望下一屆主席由亞洲的國家中選出，既然有這個共識，她計畫推薦當時擔任亞太細胞生物學主席長的吳成文為下一屆主席的候選人。

吳成文想著，臺灣才剛剛入會，執委會中又一向有大陸的代表，這次臺灣得以入會，是藉著海峽對岸科學家的友誼，已經有些運氣，要選上擔任世界細胞生物國際聯盟（IFCB）主席的機會並不大，但是為爭取我國學會的國際地位著想，所以他以非常禮貌的態度回答說：如蒙您的推薦，是我的榮幸。

IFCB每四年舉辦一次年會暨學術研討會，待吳成文二〇〇四年八月接獲IFCB執委會寄來通知欲推薦他為下任主席的候選人之際，他幾乎已經忘記了這件事。

那時吳成文擔任國衛院院長，行前在主管會議中談到被推薦為IFCB下屆主席一事，當時擔任國衛院院內研究業務處處長的張仲明教授還說，這麼一個國際性的聯盟，由四、五十個國家組成，要選上主席不那麼容易，如果真的被選上了，這可是國家科學界的一件大事情。其實，連吳成文也認為要獲選擔任IFCB主席的機會微乎其微。

二〇〇四年九月第八屆IFCB年會在法國尼斯召開，與吳成文同行的還有張仲明教授，及當時擔任陽明大學校長的吳妍華院士等人，這場學術盛宴在有法國蔚藍陽光海岸稱譽的尼斯舉行。行前吳成文抱著平常心，於學術會議中也見到了對岸相熟的科學友人，有關他被提名為下一屆主席事宜，吳成文隻字不提。

不料，他真的在有五十餘國代表的大會中，當選為第八屆世界細胞生物學國際聯盟主席，得知這個結果，吳成文是意外加上驚愕，想著這個已經成立了三十二年的國際學會組織，臺灣方入會不久，這麼快地擔任了這個重要的角色，是他的榮耀，更是提升臺灣國際學界能見度的機會，他一定要把這個功能發揮起來。

擔任細胞生物學國際聯盟主席，積極展露臺灣學術能力

大會期間，吳成文被安排以下一屆主席候選人的身份致詞。吳成文這麼對與會的科學家們說，能被提名不僅是他個人最大的榮譽，更有無限的感恩，做為一位生命科學研究者，他衷心希望世界上所有生命科學家能不分種族、不分地域地工作在一起，共同面對二十一世紀生物醫學科學的大挑戰。

而細胞生物學是當前生命科學的主流，更是生技醫藥產業發展的基礎，如他當選為IFCB主席，除了促進世界細胞生物學的發展外，特別希望能協助開發中國家培育更多的年輕科學家參與研究，而能把成果分享給生物科技產業，進而幫助發展中國家的科學經濟發展，他也希望促成聯盟中所有會員國家的細胞生物學界更多的交流。也許

他的致詞感動了許多國家的代表，促成他的全票當選。

其實，他心知肚明，這一次可以當選，除了其他國家的支持之外，也在於對岸與會的科學家並沒有反對，這位大陸的科學友人，同在海峽兩岸細胞生物學學術研討會中有著重要的角色，因著兩岸的學術會議，科學家們已經建立了彼此尊重的共識，吳成文知道，這情誼得來不易，是兩岸科學家攜手走來共同的信賴，他心中充滿了感激。

回國之後，國家衛生研究院為他舉辦了一場記者會，這也是他回到臺灣協助建立中研院生醫所，以及創設國衛院，第一場為他的學術成就及這次當選世界細胞生物學聯盟主席唯一的一次記者會。吳成文過去從不彰顯自己的學術成就及各種學術組織會務的職銜，但因為當選世界細胞生物學聯盟主席對提振臺灣國際上的學術強度意義重大，所以在國衛院一再的建議下，他才首肯。

吳成文於二〇〇四年到二〇〇八年擔任聯盟主席時，除了處理聯盟的國際會務，成功地舉辦二〇〇八年於韓國首爾召開的第九屆世界大會之外，並致力透過IFCB為學術平臺，藉助學術交流將臺灣的學術研究成果推向國外，提升了臺灣生命科學研究的國際知名度，他同時與國衛院及中研院合作，舉辦「國際細胞及分子生物學訓練課程」（International Training Program in Cell and Molecular Biology）。這個計畫在臺灣執行之際，非常地成功。

二〇〇九年第一屆訓練學程由細胞及分子生物學學會與國衛院合辦，有四十六個國家計四百八十三位學者報名，其中有博士班研究生、博士後研究學者、年輕的教授，甚而政府部門官員。之後，選出二十二個國家的四十位優秀學者參與本訓練計畫。第一炮即展現了臺灣的學術實力，讓世界各國認識到臺灣的學術能量。

而第二屆二〇一〇年與中研院合辦的訓練課程計畫，則有三十四個國家共三百三十六位學者報名，之後選出十六個國家的四十五位年輕學者來臺。也因為臺灣舉辦得有聲有色，其他國家如南美洲的巴西與大陸相繼爭取，無不期待提升其國家的學術能見度，而在吳成文於聯盟主席任滿之後，將計畫轉給下一任主席，由他國接續辦理，可惜迄今除臺灣之外，還沒有看到成功的例子。

設立「吳成文院士學術講座」

傳承學術火炬是吳成文自行政職退下之後衷心的盼望，他對自己手中所創下的細胞及分子生物學學會有著更深的期許。學會永續的發展建基於蓬勃的學術能力，今日的細分學會雖已是臺灣最大的學會組織，如何幫助學會在這一堅實的基礎上爬高學術視野，甚而近身接觸國際知名學者，汲取學術精萃，這就需要藉助學會持續邀請在國際上頭角崢嶸的科學家來臺進行學術演講。

二〇一七年，學會感念吳成文回臺的諸多貢獻及為細分學會所留下的學術耕耘典範，建立了一個重要的演講機制——「吳成文院士學術講座」，這個學術講座由吳成文建立的健康科學文教基金會逐年支持，據此，每年可邀請國際上重量級學者來臺，進行精闢的學術演說。藉助學術講座，對與會的科學家及年輕學人，甚而在學的研究生等，不只是學術的滋養，也是眼界的開拓。

臺灣在世界這一波生命科學浪潮下，要扮演什麼角色，及如何找到自己獨有的勝處，其實就是如吳成文等之科學前輩急欲傳承的心願。於見證吳成文回臺將近三十年透過細胞及分子生物學學會從臺灣、亞洲到世界舞台上這奮鬥前行的足跡，及吳成文學術講座的建立，一位科學前輩的期待，盡在不言中。

註一：羅時成教授現於長庚大學醫學院生物醫學系。

註二：黃昭蓮教授目前於臺北醫學大學。

註三：吳成文卸任後，歷屆的理事長如下：沈哲鯤院士、張仲明特聘教授、吳妍華院士、伍焜玉院士、王陸海院士、龔行健院士、及現任的施修明教授。

2.扮演領航功能的生物物理學會

吳成文赴美留學之際，正蒙分子生物學萌發，科學界無不希望透過對人類基因的瞭解來解釋生命現象的諸多疑惑，而他在西方儲備大學（Case Western Reserve University）攻讀博士學位時，在指導教授高仕偉（David Goldthwait）的實驗室，主要的工作就是分離RNA聚合酶，以求瞭解RNA聚合酶在基因轉錄中所扮演的功能，及它的分子機制。

雖說他拿到的是生物化學的博士學位，但在他因分離出RNA聚合酶且瞭解其於基因轉錄中的四個步驟後（註一），一心期待更深入探究其分子機轉，這學術研究追索真相的精神，讓他因緣際會踏入了生物物理學研究的舞台，更一步一步地往分子生物學的領域邁進。

成為新穎學術領域之先驅

RNA聚合酶每秒鐘可合成數千鹼基的RNA，故需要至少千分之一秒的快速反應，方能得知每一步驟基因轉錄的分子機制，特別是其中的鹼基配對（base pairing）速度發生在百萬分之一秒間，必須使用不同的方法來真正瞭解其變異。

吳成文拿到博士學位後，進入康乃爾大學化學系系主任賀孟思（Gordon Hammes）的實驗室，學習一個新的化學快速反應方法——為透過溫度跳躍（temperature jump）所產生的化學弛豫現象可偵測到10^{-10}秒的快速化學反應；這個新的方法，可讓吳成文掌控RNA聚合酶分子機制的快速反應。

他在康乃爾大學短短的一年中，發表了七篇論文，讓賀孟思嘖嘖稱奇，但在這一段時間，吳成文也知道如果要更深入瞭解RNA聚合酶這個酵素反應的分子機制，除快速反應之外，還需要另一種靈敏的方法提供分子結構的訊息。

帶著賀孟思的祝福，他又前往耶魯大學一位年輕科學家卻已經頭角崢嶸的史崔爾（Lubert Stryer）的實驗室，希望藉助螢光光譜學中能量轉移的方法，測量出RNA聚合酶分子與分子間的奈米距離，進一步觀察其細微的奈米分子結構，他在史崔爾的實驗室半年期間也發表了三篇論文。

在康乃爾及耶魯大學的博士後研究短短的一年半，吳成文即在美國的科學界嶄露研究潛力，很快地在紐約的愛因斯坦醫學院建立自己的第一座實驗室。

吳成文在上世紀七〇年代，是第一位橫跨生物物理與分子生物學研究領域的科學家。他陳述，當年自己參與學術會議或是加入學會之際，生物物理學學界稱他為分子生物學者，但是分子生物學界稱他為生物物理學者，有這雙重學術身份，也讓他成為以生物物理方法研究分子生物學的前驅，迅及在國際科學界享有盛名。

因為纘研基因轉錄的背景，回臺之後，吳成文將學術研究領域延展到臺灣最重要的疾病——癌症，在於癌症是不正常基因的表現。雖說研究的範疇更動，但我國物理學界泰斗、當時中研院的吳大猷院長，卻熟知吳成文的學術背景，因此，賦予他一個重責大任，希望他接任中研院生物物理委員會的主任委員。

臺灣生物物理學術方興未艾

說起生物物理在國際學術界也是個非常新的領域，當時我國學者著力此研究領域者亦不多，中研院的生物物理委員會，由國內幾位與生物物理較相關的學者組成，成立這個委員會之目的為希望加入國際生物物理學會，讓臺灣的學術界不因為與海峽對岸對峙的氛圍被孤立。物理學家的吳大猷希望吳成文以生物物理學家的背景，擔任主任委員來重組委員會，同時積極加入國際相關的學術組織。

臺灣生物物理學界的研究重點隨著學者的參與及引進新興研究方向，而不斷地擴張。從透過物理方法研究細胞的變化、到進入瞭解肌肉的功能，或是細胞膜的變異，一直到運用X光、電子顯微鏡、光譜學與核磁共振等儀器，來解析蛋白質的蛻變等，各種研究方法隨著世界的潮流，展現新研究領域的活力及初期尚不確定的探索面向。當時雖然有委員會，不過對於所謂生物物理的定義與範疇，多數參與的學者也有不同的看法。

接任中研院生物物理委員會主任委員之後，吳成文更發現國內「真正」運用生物物理方法來研究生物現象的還相當分散，如果希望爭取國際學術地位，及鼓勵國內學界進入這一個新穎的研究範疇，莫若成立學會，有組織地集結這一領域的研究者，大家一起切磋成長。成立正式學會更可以舉辦重要的學術活動如研討會等，撒種之後，學術研究方能萌芽，未來才能藉助學會的方式名正言順地進入國際學界。

思索既定，吳成文隨之著手進行設立學會事宜。而他的兩位得力助手，一是中研院生醫所的黃太煌教授，另一位就是妻子陳映雪教授。

黃太煌是吳成文自美國延攬回國的學者，具有生物物理學的背景，其研究方向為利用核磁共振與多重物化及分生的方法，來研究蛋白質結構，是一位結構生物學科學家。陳映雪也具有生物物理學術研究的背景，她以生物物理的方法如核磁共振、原了吸收光譜學，及中子折射光譜學，研究金屬離子在基因表現中的機制，有重要的學術貢獻。

建立學會，拓展臺灣學術能見度

他們兩人，一人負責打埋成立學會的行政及籌備事宜，這出陳映雪領銜主導。黃太煌則專注成立學會必須符合政府規定的各縣市學者的連結，以及進行申請的學會之程序等。自委員會之組織規劃出發，到邀請十五位戶籍設在各縣市，其研究方向與生物物理學域有關的學者，著實費了他不少的功夫。就這麼分頭進行，生物物理學會在一九九五年五月十一日假中研院生醫所舉辦成立大會，第一任理事長即為吳成文。

成立生物物理學會，除了因應國際學術研究的未來趨勢與潮流之外，其實最重要的是以學會為窗口，積極地參與國際學術事務，同時藉助研討會的方式，提升臺灣在生物物理學領域的學術能量，幫助學者甚而在學學生的研究思索，實質地匡助其生涯的學術發展。

「說實話，學會已經發揮了當時創立的理想。」這是從開始即參與學會運作的黃太煌教授對學會功能的回憶。

當初中研院以生物物理委員會的方式希望集結生物物理學者的初衷，為參與國際上重要的相關學術活動，那時候最急迫即是參加IUPAB（International Union of Pure and Applied Biophysics），這是一個國際性的生物物理學會組織，會員國的投票權益乃依據各國學會的組織功能分級為之，臺灣當時因為尚無學會，因而沒有投票權。

學會成立之後，當然就是以學會的組織參與國際年會，企盼提升臺灣的能見度。吳成文、黃太煌透過學會積極努力爭取，在IUPAB為臺灣取得第二級的兩票投票權，這樣的成績促動了生物物理學界於國際學術事務上的重要角色。這是生物物理學會成立之後，臺灣在國際上的第一個正式學術參與。

成立學會，如果期待健全地發展，組織架構至為關鍵，第一次核心的十五位學者，最重要的功能就是定下學會未來的運作模式。經由理、監事聯席會議通過（註二），確認每年五月舉行年會暨生物物理研討會，以引進新知、邀請國際重量級學者來臺舉辦特別演講，及鼓勵在學學生參與為重點。同時為學生設立多種激勵性的獎助，如學術海報的獎項等，讓種子及早發芽。臺灣的生物物理學界於是可以藉助學會的活動共聚一堂，學會的成立也為臺灣開了一扇無論是在國內或是國際上互通有無的窗扉。

學會第一年的研討會就有將近一百位國內外學人參與，對一個新興的科學領域以及方成立的學會來說，的確是打響了第一炮。吳成文之後又擔任學會第二屆理事長，而在他交棒後不久，正是他畢生摯愛的妻子陳映雪教授謝世之刻。

成立「陳映雪博士紀念學術演講」

雖言由吳成文登高一呼成立生物物理學會，但有許多創會時之籌備與瑣雜行政，大多是由當時已經罹癌的妻子陳映雪教授抱病完成的，然陳映雪在學會並沒有任何職銜，參與學會事宜除了因為她為夫婿吳成文分勞之外，更因她古道熱腸的心性使然，這麼一位得力伴侶的仙去，著實讓吳成文消沈了一段時間。

生物物理學會第三屆理事長為陳長謙院士，秘書長為中研院化學所教授甘魯生，甘教授與陳映雪同是臺大化學系畢業的校友，他對陳映雪博士堅毅不拔的抗癌精神知之甚深。為了紀念這麼一位不屈不饒的科學家，也為了懷念她為設立生物物理學會所投注的心力，甘教授特地拜會吳成文，希望在每年學會年會的研討會中成立一個特別講座，紀念陳映雪博士對成立學會的協助，尤其是生物物理研究的貢獻，以及她在面對病魔時無畏地接受辛苦治療之外，依舊堅持學術研究不移的毅力。甘教授認為這是新生代科學家無論是挑戰學術新知，或是培育百折不饒學術研究精神的典範。

吳成文慨然應允，自二〇〇一年開始，每年由吳成文捐助經費舉辦「陳映雪博士紀念學術演講」（Felicia Wu Memorial Scientific Lecture），並以他及學會的名義邀請國際知名學者來臺。陳映雪博士紀念學術專題演講迄今已舉辦十餘屆（註三），這也是每年生物物理學會研討會最重要的專題演講，精闢的學術議題更是國內生物物理學界爭相參與聆聽的科學盛宴。這場學術分享闡述了科學家的傳承精神，其實正是吳成文當時從吳大猷院長手中承接這一學術使命，並希望薪火繁衍的初衷。

廣伸觸角，參與國際學術組織

說起學術的繁衍與傳承，因著生物物理學會這一平臺，這幾年發揮了絕佳的領航效益。以字面上的意義闡述，生物物理學為生物學與物理學的交叉學門，為運用物理學方法來研究生物的物理特性。

如吳成文所言，上一世紀當分子生物學興起，生物學界希望更進一步追索生命的奧秘，以瞭解生物組織的生態系統，而藉助上一世紀物理科學已經發展出的量子力學、電磁學等物理學研究成果，得以探討分子構成其更精細的分子機制，這即是物理學介入生命科學的開始。這一項交集，也給了物理學家探究生命科學的機會，本世紀初更激勵物理學者將其研究重點也轉向生物體。

於是透過生物物理學學會研討會的磁石效應，邀請物理學者參與學會年會暨研討會，成為學會另一個重要的交流功能。例如，在學術年會中針對物理學者開放一個專門的時段（section），由物理學者主導，其實也成為以生物為媒介進行學術研究之物理學者對外參與國際學會會議的窗口。

一、國際核磁共振學會

例如參與世界上非常重要的國際核磁共振學會（International Society of Magnetic Resonance，簡稱ISMAR），這是散佈五大洲的國際級學會組織，每三年輪流在各洲舉辦一次國際性學會大會。二〇〇七年，黃太煌教授以生物物理學會之名義積極爭取加入ISMAR，也因為有學會的高度做為後盾，無形中提升了我國學者於如此世界級屬性的學會曝光，在促動世界其他國家瞭解我國的學術能力上，極具意義。

二、東亞生物物理會議

從全球到區域級生物物理跨國學會的加入，生物物理學會更是當仁不讓地積極爭取。例如由中國、韓國、澳洲、日本及我國的生物物理學界為主所組成的東亞生物物理會議（Asian Pacific Biophysics Association，簡稱ABA），為王惠鈞院士擔任理事長時主動以學會名義加入，而第二屆的ABA會議即是在臺北的圓山飯店舉行，當時與會的學者有四百多名，學會成為ABA在學術事務互動之際的對口單位。這場具國際能見度的學術會議，臺灣生物物理學界展現不凡的學術研究成績，更讓東亞各國為之注目。

三、東亞蛋白體研究學會

再說東亞蛋白體研究學會（Asian Pacific Protein Association，簡稱APPA），臺灣為會員國之一，其實就是以生物物理學會的名義加入，這是因為生物物理的學域廣闊，有許多學者會員其研究領域為蛋白質，二〇一二年第一次APPA的會議於上海舉行，大陸方面也是透過學會來邀請我國的科學家參與學術研討。

可以看得出來，無論是IUPAB、ISMAR、ABA，還是APPA等亞洲或是國際性的學術組織，臺灣因為設立了生物物理學會，讓我國學者在參與相關的學術活動上方便許多，這即是當時吳成文希望成立學會的目的之一。雖言「互通有無」絕對是我國學者可以站上國際舞台的一個重要學會功能，但是對於生物物理學這一新興學域來說，還有一個更令人激賞的影響，那就是觸動這一個交叉學門學術研究的勃興。

後基因時代，物理學與生物學的媒合

早期生物物理學者的研究以結構生物學為主，例如透過核磁共振、光譜學、蛋白質學等，開始以生物題材作研究，以進一步瞭解其更細微的分子機制。而在基因已經定序完成，基因藍圖取之可得「後基因時代」的今天，物理學學者更可透過如統計物理、非線性動力學等，無論是在分子或是細胞生物等之題材上，來探討多原子或是多分子所構成複雜系統的性質，也因此許多物理學者認為進入生物這一個領域，是本世紀物理學持續發展的契機。這個認知激勵了學術機構無論在研究題材的擴大，及年輕學者的養成等發揮相當的效應。

例如，中研院與清華大學就有一群對於腦網絡及複雜系統特別有興趣的學者，藉助物理學為工具積極進入上述研究議題。而中央大學更設立生物物理研究所，來培養新生代的科學人，校方也同時將之視為學校的學術研究重點之一。臺大也將軟物質（soft matter）做為生物物理學域研究的重點，還認為軟物質的研究其生物系統與物理工程系統的結合，將來不但會影響到奈米醫學、生醫檢測，更是未來材料科學發展的重要方向。

這是學會成立之後，因著有成效的學術活動，如：研討會邀請國際級的專家來臺分享新知、創造學者共聚一堂的互動機會，及積極參與國際學會組織的學術會議，有形無形地鼓動了這個學域的發展，學會成員從一開始的十五人委員會，到目前第九屆四百多位會員，成就與茁壯了這功能強健的臺灣生物物理學界的大家庭。

生物物理學研究在本世紀有著非常重要的學術執掌，研究者認為它可以成為瞭解生物世界的最佳工具，舉以生物物理學為學術研究重點的中央大學來說，所規劃的三大學術方向如：生物分子及生物材料的物理特質；基因序列編碼所產生的生物資訊；生物系統行為及生物技術、奈米科技、醫學應用三者之整合等。看得出來，物理學者與分子生物學者的企圖心非常大，也可以判讀出，生物物理其研究發展不僅於基礎科學而已，在增進人類健康的應用科學方面更有大展長才的機會。

生物物理學是明日科學的新生地

吳成文說，科學研究若是應用到新的方法，自然會有新的突破。生命現象基本是一種物理與化學的現象，而在這一塊可發展的學術園圃中，無論是結合生物科技與物理學研究的新工具，如生物資訊、生物統計、光鑷子或是電子顯微鏡等，都可以更進一步擴張與提升生物物理學領域的發展，這也指出生物物理學研究在「明日科學」的重要性。而上一世紀，以吳成文為首等科學家所成立的生物物理學會，在這一場世界學術發展的歷史長河中，不但沒有缺席，還發揮了提振與帶領的功效，讓國內的學術界開發出一塊已經日見茁壯的學術研究新生地。

註一：基因轉錄的四個步驟為：結合步驟、起始步驟、延長步驟、終止步驟，吳成文解開了RNA聚合酶於機轉錄中之分子機制，已經成為教科書上的知識。

註二：各屆生物物理學會理事長如下：第一屆、第二屆吳成文（1995-1999）；第三屆陳長謙（1999-2001）；第四屆、第五屆王惠鈞（2001-2007）；第六屆、第七屆黃太煌（2007-2013），第八屆蔡明道（2013-2016），第九屆呂平江（2016迄今）；而黃太煌教授已自中研院生醫所退休。

註三：「陳映雪博士紀念學術演講」（Felicia Wu Memorial Scientific Lecture），自第十一屆學會研討會開始邀請的學者依序為：錢煦（11th）、伍焜玉（12th）、James K. Coward（13th）、陳長謙（14th）、王惠鈞（15th）、王寬（16th）、Peter Wright（17th）、張子文（13th）、黃太煌（19th）、Paul Schimmel（20th）、汪必成（21th），以及2017年第二十二屆主講人中央研究院院長廖俊智。

3.亞洲基因轉錄研討會的開創、傳承與衍續

二〇〇五年，吳成文決定自國家衛生研究院院長下任，這一個決定在吳成文的心中醞釀許久，他覺得國衛院已經發展到一個規模，達成開創的階段性任務，這時候應當是讓新的領導人幫助國衛院起飛的時機，而他，即可回到最愛的學術研究，不用再為行政職的責任寡佔所有的心力。

這一個消息不脛而走。他的許多海外科學家友人，及過往在美國培育的學生們，得知吳成文離開行政職後，將投注更多的時間在實驗室，一則期待、一則希望為吳成文回臺後這一段學術旅程記下註腳，同時也感謝他雖回到臺灣，卻依舊以前觀的視野為亞洲建立一個新的跨國學術組織——「亞洲基因轉錄學術研討會」（Asian Conference on Transcription，簡稱ACT），促動亞洲在基因轉錄這一學術領域的發展，所以決定第九屆的「亞洲基因轉錄學術研討會」在臺灣舉辦，大會同時將為吳成文舉辦「吳院長榮退紀念活動」。

這一場學術豐宴在二〇〇五年十二月十五日於國衛院竹南院區舉行，吸引來自

十一個國家共計一百六十三位學者參與，有三十八篇口頭報告論文及五十四篇壁報論文展示，研討會歷經四天，第九屆ACT是自一九九〇年成立迄當下最盛大的一次。

最後的高潮自然就是大會於研討會結束前，為吳成文舉辦的「榮退紀念會」，由他在美國的學生、已經為國際知名的日本學者島本伸雄（Nobuc Shimamoto）教授，致贈ACT大會的終生紀念獎給吳成文。這時與會科學家一起為吳成文回臺在亞洲所引起的學術效應與成就，起立鼓掌，現場熱情洋溢，科學家們的友情讓吳成文的心緒溫馨湃然。

前瞻眼光，引進高登學術會議

這一場研討會及吳成文的榮退學術慶典，得以吸引這麼多國外卓越科學家參與，大家為吳成文的學術貢獻歡聚一堂，看得出來國際學界對他的尊敬，及ACT這個學會組織對亞洲甚而南太平洋的影響。

說起一九九〇年ACT的成立，這也是吳成文另一項學術的意外成績。一九八八年，吳成文回臺接任中研院生醫所籌備處主任乙職，積極自海外引進學術人才，及透過學術研討會的方式，幫助國內外科學界的互動與交流，而在這過程中，吳成文察覺了當時國內學界舉辦研討會的單一模式。

那當刻，他發現國內習常舉辦的大型國際學術研討會，參與人員動輒數百人，時程或一天或三天，會中雖邀請國際知名的科學家發表學術演說，但因為大型學術會議的學門過廣，兼之時間有限，所以互動與討論的機會不多，說嚴格一些，像是一場熱鬧的學術辦桌，喧嘩一陣之後，大家一哄而散，非常可惜。

吳成文記得在美國時，有一種專門針對特定學術領域所舉辦的研討會議，稱之為高登會議（Gordon Conference）的小型學術研討會，這種學術會議所邀請的學者均集中在同一個學術範疇，多數人甚而彼此熟識，會議的舉辦時間也較長，以三到五天為主，邀集的學者多不過百人，舉辦學術會議的位址也儘量避開熱鬧的地點，所以，這三到五天的時間，大家集中住在一處，一起生活，會議的議題自然放在他們所熟知的學術領域。

而高登會議最特別的地方是，在研討會中，科學家可以將他們最新的研究發現、但尚未發表的學術新知，分享給與會的所有學者，參與的科學家們也互有共識默契，亦即在研討會中所聽到的新知新訊，絕對不可以對外透露或是私自引用。也因為大家領域相同，兼之彼此信賴，所以在學術研討會中可以盡興地交流互動，沒有一絲罣凝。在此基礎上，與會的科學家均能汲取到他人的智慧養分，會議結束之後，大家都收穫滿滿的互道珍重，無形中更建立了獨特的情誼。

吳成文說，早年他在美國發展之際，高登會議給他非常多的促動與啟發，他非常懷念此種集中以及伴隨著互益、學習的研討會模式，一心想引進到國內的學術界。

一九八九年，吳成文在韓國的首爾參加學術研討會，遇見了幾位自己早年在美的學生，有來自日本的島本伸雄、印度的洽德治（Dipangkar Chatterji），以及他的韓國學生姜昌洪（Chang Won Kang）。他們是在吳成文實驗室中訓練出來的科學俊彥，回到自己的國家後，都有過人的學術表現，當時已成為亞洲基因轉錄學域的科學新秀。而這一次會議中，也見到亞洲最早進入基因轉錄學術研究的一位資深科學家——日本京都大學的石濱朗教授（Akira Isihama），幾位師生及學術老友見面自然是相敘歡暢。

亞洲基因轉錄學術會議激揚學術效應

那天吳成文跟他們說及在亞洲建立高登學術研討會模式之會議組織的構想，沒想到大家不約而同地贊成，因為在各自國家所舉行的大型學術會議中，也有同樣的問題，也覺得大型學術會議因為學門的分野，使得大家互動的機會不多，學習的效果有限，所以希望吳成文登高一呼，一起把亞洲第一個高登會議做起來。

有亞洲學者的熱情支持，吳成文又把這一學術組織的構思告知了在澳洲進行基因轉錄學術研究的畢塔教授（James Pittard），當時澳洲科學界鑽研基因轉錄的學者也不是很多，畢塔非常希望能參與這樣的高登學術會議組織，藉此吸引紐、澳的學者一起為這個學術領域邁進，就這樣一句話，範疇從亞洲擴衍到了南半球。

沒想到一場在首爾舉行的學術會議，科學家們馬上取得共識，大家把這個高登會議組織定名為「亞洲基因轉錄學術研討會」（Asian Conference on Transcription，簡稱ACT），商議決定每兩年舉辦一次學術會議。吳成文是發起人，所以在首爾發起會議的次年（一九九〇年），第一次ACT學術會議就在中研院生醫所舉行，有來自世界各國七十多位科學家參與，他的三位回到自己國家的學生島本伸雄（日本）、姜昌洪（韓國）、洽德治（印度），及同是發起人的石濱朗教授（日本）、畢塔教授（澳洲），成為ACT國際執委會的中堅幹部。看得出來ACT在建立之初，已具備了跨國風格的良好基礎。

從第一屆到現在，ACT已舉辦了十四次，參與的國家及科學家愈來愈多，像是從事基因轉錄研究亞洲學者與世界學者交流切磋的「同學會」，研討會亦同時邀請多位歐、美知名基因轉錄學者與會；例如紐約Sloan Kettering癌症中心的Jerard Hurwitz、洛克斐勒大學的Robert Roeder等國際科學界基因轉錄領域之泰斗；不論老、中、青，學者們各擅其才，暢所欲言自己的學術新發現，這個具國際型態的高登會議，無法想像的衍生影響，造成了對各國學術研究的衝擊。

ACT每兩年舉辦一次，從一九九〇年第一次在臺北舉辦，歷屆ACT的足跡已經越過北半球。看一看ACT發展的腳程，真是一山還有一山高。以下就是ACT在各國的盛會歷程：

一九九三年ACT-2，韓國濟州島；一九九四年ACT-3，印度Bangalore；一九九六年ACT-4，日本Hayama；一九九八年ACT-5，澳洲 Lorne；二〇〇〇年ACT-6，中國北京；二〇〇二年ACT-7，馬來西亞吉隆坡；二〇〇四年ACT-8，泰國曼谷；二〇〇五年ACT-9，臺灣竹南國衛院院區；二〇〇八年ACT-10，印度Bangalore；二〇一〇年ACT-11，日本沖繩；二〇一二年ACT-12，韓國濟州島；二〇一四年ACT-13，澳洲墨爾本；二〇一五年ACT-14新加坡；以及最近一屆的ACT-15在馬來西亞吉隆坡舉行。

ACT就像是一個亞太地區的學術大轉盤，到各地去汲取與分享這一特定領域的「最新」學術成果，每場都是「華山學術」大論「見」——非「劍」爾，因為不是在比較各自的學術成果，而是在學習與聆聽所有老、中、青科學家們，在基因轉錄這一學術舞台上，如何精益求精地引領出創意的火花。

而ACT設立，當然對亞洲各地學界有相當大的影響。

引燃學術火焰——中國印象

若是以吳成文個人來說，其實回到臺灣之後，他的學術研究已經轉了一個方向，現在他的實驗室並沒有用太多的心力進行如此核心（hard core）的基因轉錄研究，但是吳成文只要參加ACT，還是安排相關的學術演說，他的學生們一樣驚艷老師寶刀依舊。倒是這一群當年在美國被他訓練出來的學生，個個已經成為世界級基因轉錄學術研究的卓越科學家，除了擔任ACT學術組織的重要幹部，負責所屬地主國ACT的會議舉辦事宜，還一路帶領他們的學生加入這一個學術大家庭，有形無形地讓自己的學術能力更上一層樓，衍生的效益是幫助自己國家在此學域的紮根發展。

另一個重要的影響是，ACT在亞洲及紐澳引起的學術啟動角色。舉二〇〇〇年，ACT於中國北京舉行為例：當時中國開放後赴國外留學的海外學人已有多人回到大陸，一心希望藉助科學研究，提升中國的國際地位；而因為文革而斬斷學術生命的上一代科學家，更是積極回到學術崗位，專注於研究，希望為中國的學術開啟一條更新發展的大道。所以，二〇〇〇年中國的這一場學術會議，是老師帶學生撩起袖子一起賣力幹活，即令這一群在學的學生還是生澀，舉辦跨國學術活動的經驗不足，但認真的程度讓吳成文的印象依舊深刻。

也是在這一年，吳成文的一位學生有學術海報展出，舉辦這一次學術會議的大陸科學家沈珝琲教授一直讚揚這一張學術海報。她說：「吳教授，您的學生做得很好啊！」學生的研究受到讚揚，吳成文心中自然高興，但卻發生了一件小小的插曲，在學術海報展示結束後，這一張海報被孤伶伶地掛在海報架上，因為他的學生忘記了，早已經離開會場。

倒是這一位珍惜年輕人學術成長的大陸教授及一位參與學術會議的國衛院工作同仁，將這張被遺忘的學術海報收起來，交給了吳成文。吳成文收到這一張海報是有感慨的，回到臺灣後，他把這位學生叫來，輕輕地說了一句話：你的東西倒是別人比你還珍惜。說得這個學生非常不好意思。雖只是一件小事，吳成文已經觀看得出，海峽對岸對科學研究的珍視及企圖心了，他們絕不輕忽任何一個學術成績，尚且愛惜年輕人的學術成果。

果不其然，這幾年因著中國的經濟發展，學術的宏圖愈來愈大。一場跨國性的學術會議對當年中國的衝擊也許就是：要快步加油，因為別的國家跑在前面了！

欣喜得意門生開枝散葉，學術有成

二〇〇八年，ACT-10在印度舉行，吳成文的學生洽德治為主辦人，他受邀進行專題演講："Identification of a trans-acting transcription factor, c-Myc,involved in a fine-tuned bidirectional regulation of a brain-disease-related gene pair SERPIN 2"他的三位亞洲學生洽德治、島本伸雄、姜昌洪均在場聆聽老師即令是不再以所有心力進行基因轉錄研究，但依舊精彩的學術演說。

這時，他的學生們在自己的國家已經開枝散葉了。島本伸雄是日本生物物理研究分子生物學的開創者，他更撰寫了日本第一本奈米生物學教科書，洽德治在印度技術研究院（Indian Institute of Technology）擔任講座教授，而在韓國的姜昌洪還被韓國稱為最有實力獲得諾貝爾獎的七位韓國科學家之一。學生們在自己的國家發展得這麼好，甚至帶動其國家的學術發展，是吳成文最欣慰的地方。

韓國、日本、印度分別舉辦過兩次ACT學術會議，這當然與三位學生已經在其國內學術界站立起來有關，因為唯有發展成熟的科學家，方能擁有行政及學術資源，舉辦重要的學術會議。二〇〇八年，吳成文前往印度，學生洽德治還特地安排老師參訪重要的學術研究機構，讓吳成文瞭解印度政府進軍生物醫學研究及生物科技的雄心。

因著這一次會議，吳成文瞭解到印度政府雖然因為人口浩繁而財務壓力沈重，但自上世紀八〇年代開始，已經將生物科技視為國家未來發展的重點項目，甚而從法令的規範開始，以政府為後盾，大力支持基礎科學的研究。也因為政府積極希望人才回流，他所訓練的學生洽德治才能回到印度安心發展。

中國及印度在上世紀其科學研究的起步並不比臺灣早，但從上述兩國科學研究者的態度及國家的支持度來看，現今這兩個大國家的學術研究能急起直追，也部分算是因為ACT共融的學術舞台，成為亞洲各國科學家可察覺到的學術風氣吧！

吳成文無論多麼忙碌，一定盡可能參加ACT每兩年舉辦的學術會議。當年一起發起這一個學術活動的幾位科學家，包括石濱朗教授，及自己的學生如年紀較大的島本伸雄教授，都已經自原來的學術單位退休，轉往其他學校繼續進行研究。吳成文笑言，他們都是ACT的老生代了。

ACT在亞洲已經運轉了二十多年，是亞洲第一個自發性跨國高登會議成功的範例。他說，參加ACT對他們這一群「資深」科學家來說，是老朋友的「敘舊同學會」，還能欣賞各國新生代科學家那磨刀霍霍粉墨登場的學術表現，心中充滿著寬慰與欣喜。

跨國會議提攜學術新秀

想一想，在泰國、在馬來西亞、在澳洲、在印度、在中國、在臺灣、在韓國、在日本、在新加坡等，這些地區已經含括了亞洲重要的科學國度，是這群科學家們一起把這學術研究的火炬傳承下去。吳成文知道，有一天，所有上世紀啟始ACT的老成會凋謝，即令是他的學生們，在學術高峰之後也會漸次退休，或是跟他一樣轉換學術跑道，但是這一個學術接力傳承，已經由點而面的不同國度、到老而少的不同世代。

「感謝有你，感謝ACT！」這是來自馬來西亞的科學家Kalai Mathee說的話。她說，她在ACT成長，在ACT學習到前輩科學家的睿智，在ACT結交到相同學術領域的好朋友。因為ACT，她在學術上站了起來，而她現在已經是美國佛羅里達州邁阿密大學基因中心的教授，也是二〇一七年ACT-15的主辦人。

「感謝有你，感謝ACT！」這句話當然不是針對吳成文個人所言，即連吳成文也想對所有的ACT科學夥伴們說這一句話，因為他在這裡享受到了超越學術的友誼，以及他創建ACT那股學術理想的成就感。

的確，這是屬於ACT最驕傲的歷史，最值得衍續的未來！

4.臺灣生命科學人才培育的搖籃——國醫生命科學研究所

中央研究院為我國最高及最重要的學術研究機構，擁有豐沛的學術資源與頂尖的研究人才，上一世紀分子生物學方興之際，當時中研院吳大猷院長亟思蛻變與壯大，在中研院成立兩個新的基礎醫學研究單位——生醫所與分生所，並延攬吳成文幫助生醫所成所。

但是在吳成文回國時，中研院卻因組織法的限制無法招收學生。「有如此多卓越的學術人才，卻沒有辦法訓練學生，絕對是國家的損失。」當時中研院的院士會議，諸多國內外的院士一致建言，希望中研院打破框架，承挑起養成學術人才的責任，為我國培育與積蓄未來的學術能力。吳成文因是第一位回國定居的院士，這個重責大任很自然地就落在他頭上。

現今中研院與各重要大學已有成功的學程合作，甚而跨越到國際研究生與博士學位的學程規劃，學術合作的績效卓著，唯前人種樹，卻是經過一長段時間的耕耘。這初創的時刻，吳成文扮演著重要角色。

也因著這一份使命，吳成文促動了國防醫學院生命科學研究所（簡稱國醫生科所）的成立。爾後，國醫生科所一度成為我國最大及最佳的生命科學研究所，培育的人才無數，曾有科學界的前輩稱譽其為「我國生科人才的搖籃」，影響所及，不只是國醫與中研院的榮耀，更是臺灣學術生態的創新與奠立，成長的故事，值得回顧。

亟思與大學合作，卻困難不易

吳成文接下了院士會議的託付，奔走的第一站就是教育部，當時的部長為毛高文。吳成文單刀直入，請教部長中研院無法招收學生的解套方式。在於中研院並非如大學般的教育機構，在我國的學位授予法規範中，只有教育機構可以授予學位。毛高文來自大學，當然瞭解法規的限制。

與中研院性質相似的中國大陸中科院有自己的大學招收學生，這是因為大陸地大人眾，且學術生態不同；而美國重要的學術研究機構如布魯克文實驗室（Brook Heaven）也有自己的附屬大學（associate university）。但是中研院要設立大學，在組織及制度上難度非常高，中研院為總統府轄下的單位，大學則隸屬教育部，要把這兩造的組織結合起來，絕非易事。因此毛高文建議，中研院不妨找大學合作，吳成文認為，臺灣受地域限制，學術人才有限，與大學合作，一起養成人才，將互蒙其利，也認為是一個可行的方式。

有了與部長的共識，吳成文開始積極拜會大學，身為臺大校友，學術與歷史兼備的臺灣大學當然是他溝通的首要對象。當時的臺大校長為孫震先生，孫震為知名的經濟學者，歷任國家要職，日後亦曾擔任過國防部部長。吳成文對孫校長提出中研院與臺大合作一起招收學生的構想，孫校長欣然同意，也認為是教育國家人才的機會，可惜因為教授們的反對而作罷。

現在各個學術單位的合作已不再如以往困難，但於上世紀八〇年代，各學術機構之間涇渭分明，各自有競爭的壓力，亦擔心有限的學術資源因而分化，所以多固守自己的領域。臺灣大學一向有優良的學術傳統，更會顧慮到未來臺大的學術成績，所以，要談合作往往困難扞格。

臺大的合作難以實現，吳成文不畏挫折，又風塵僕僕地前往陽明醫學院（當時尚未改制為大學）。那時國立大學校長由教育部長任命，陽明新任的校長為韓韶華教授，是毛高文部長託吳成文廣泛徵詢各大學教授意見所推薦的，說來他與韓校長也有一段淵源。

中研院必須另闢蹊徑

陽明在學術上一直有著企圖心，韓校長上任後主動與吳成文會晤，兩人在生醫所的辦公室內，一起商議中研院與陽明醫學院合作的可能性。對於中研院的構想，韓校長非常贊同，他認為這將能提昇陽明的學術高度，絕對可激勵學校成長。

但是韓校長在院務會議中一樣遭逢挫折，多數的教授持反對態度，反對理由似乎與臺大相似，也是擔心未來的學生資源將被中研院一手包攬。韓校長再次與吳成文會晤，說出了教授們的擔憂。吳成文想，也許可以親身參與陽明的院務會議，仔細說明，來減除大家的疑慮。

吳成文對那次陽明的院務會議記憶深刻。當吳成文說明與中研院合作一起招收學生的可能性之後，與會的一位教授強力反對，他說：中研院有豐沛的預算，我們大學有學生，如果讓中研院有錢又收學生，那麼大學不是都要關門了？

吳成文微笑的回應道：也許可以用這樣的逆向思考反過來說，假設有一所大學向政府爭取到一筆大預算，所以這所大學有錢又有學生，那是否表示中研院就要關門大吉了？吳成文同時解釋，合作不在於分食資源，而是創造最佳組合，幫助學生成長，大家一起攜手進步。

吳成文雖盡心地溝通，不過還是鎩羽而歸，吳成文想，韓校長剛上任，也許時機尚不成熟。他知道中研院必須另闢蹊徑，於是，與陽明合作的可能性就此打住。

軍系醫師科學人才為我國儲備學術能量

吳成文當時正在籌劃國家衛生研究院，積極地與國內醫界互動時觀察到了一個特殊現象，他發現國醫系統有不少自國外回來屬於軍系優秀的醫師科學家。這是因為國醫並沒有設立博士班，國醫屬於軍系，以國防部的立場，認為國醫為培育軍醫人才，如果需要高深的學術人力來擔任國防醫學院教授，因人數不多，只要送出國進修即可。

因這一思考架構，每年國防部大約送出五位卓越的學生前往國外進修博士，也因為是軍職，畢業之後必須馬上回國敘任，這與其他醫學院校學生出國後多數留在國外不同。這些回國的軍醫學者，在人才外流的時代中，無形中為我國留住了不少優秀的醫學人才。

如前所言，國醫有十多個碩士班，但沒有博士班，不如其他大學或是醫學院如臺大、陽明等，已經設立了博士班，減弱了國醫在學術上的競爭力。那時國醫院長為尹在信將軍，尹將軍早年留美取得生理學博士學位，回國後教學研究不輟，當時國醫於內湖方新建院區，尹院長一心期待提升國醫的學術研究能力。

當吳成文與尹院長會面，談及與中研院合作設立博士班，有中研院及國醫如此堅強的師資，一定可以吸引國內醫學相關科系的優秀學生。尹院長非常認同吳成文的建議，表示，國醫一直希望成立博士班，但因為受限於軍系，必須國防部同意，多年來陳達無功，這一次如果有機會透過與中研院合作設立博士班，絕對有助於國醫的聲譽與實質的成長。

吳成文知道了國醫的困難，認為必須往上溝通，才能解套，他覺得這關鍵的決定在國防部，那時的國防部長為郝柏村，不過真正能影響這方面決策的是參謀總長，當時參謀總長為海軍一級上將劉和謙。之後，他與尹在信院長聯袂拜會了劉和謙將軍。

鍥而不捨，孕生國醫生命科學研究所

如所預期，劉和謙總長表示，軍方培養醫學人力與其他的教育單位不同，軍方著重的是戰略的需要，軍方也知道需要博士人才，來擔任國防醫學院的教授，所以依慣例每年送出五位優秀的軍職學生出國進修，以軍方的需求來說已經足夠，所以大可不必在國醫體系內設立博士班。

吳成文這時順著劉總長的話，說道，軍方每年送這些卓越的學生出國，且這些學生因是軍職之故，必須回國，軍方因此為國家儲存與培育了許多人才，這是軍醫體系對國家的貢獻，所以一個良善的策略影響深遠。

吳成文接著又說，如果這時候設立國醫博士班，且是與中研院合作，在學術上不僅跨步向前，未來培養的人才更將超越過去，何況現在其他的醫學院如臺大、陽明等多已經設立博士班，軍方空有人才，卻無法設立博士班，無論在學術的競爭上，或是醫學研究的聲譽上，感覺上像是落後了一些，這不僅不能延續過去優秀的傳統，還讓他校跑在前面，這對軍醫體系來說，是不進則退的吃虧了！

這次到國防部，吳成文作足了準備，他還向參謀總長建議，國防部因為肩負為軍方儲備醫學科學人才的責任，所以如果與中研院合作招收博士班學生，可以區分為兩塊：一是公費生，公費生的預算來自國防部，這是未來軍方重要的醫學學術人才；二是自費生，這些博士生由中研院的預算支持；如此一來，國醫系統更進一步地為國家培養了優秀的青年俊彥，軍醫體系對國家的成就與貢獻就更大了。

這些話打動了劉總長的心，他允諾會向部長報告。吳成文為了這件事再度拜會國防部長郝柏村將軍，郝柏村允諾會好好思索這個提議，但那時正值國內政壇交替之刻，不久郝柏村擔任行政院院長，繼任的是國防部第一位文人部長陳履安。陳履安曾擔任國科會主委及經濟部部長，因為政府職務的關係，吳成文與之相識。吳成文於是又拜會新任部長陳履安，仔細說明國醫與中研院成立博士班研究所的必要，陳履安部長曾在學界，瞭解學術研究的重要，他答應了。

建立生科所學術執行原則

國醫的研究所碩士班有醫學科學研究所、生物及解剖學、生理及生物物理、生物化學、藥理、微免、病理及熱帶醫學、航太醫學、海底醫學、牙醫學、藥學、公共衛生、護理學等。而當時中研院與生命科學相關的研究所則有生醫所、分生所、植物所、動物所、生化所。中研院與國醫加總起來的教授學者超過百餘人，學術陣容堅強。經過了一次一次地叩門及溝通，國醫終於在國防部的允諾下設立生命科學研究所博士班，希望以如此堅強的陣容吸引國內秀異的學生。

國醫生命科學研究所初期的架構非常重要，因為涉及兩單位的運作，及期待未來合作的順暢，所以必須有長治久安的規劃。吳成文建議成立學術執行委員會，在國醫方面由國防醫學院院長兼任生科所的所長，這表示國醫對與中研院合作高度重視。

學術執行委員會每年商討並決定生科所的預算與執行計畫，委員為中研院及國醫的各研究所所長與教授、研究員擔任，並設立兩位常務執行委員，吳成文是代表中研院的常執委，而國醫第一任常執委為醫學科學研究所所長盧信祥教授；盧教授退休之後由生物及解剖學科暨研究所所長趙壯飛教授接任。兩位軍系的學者與吳成文一起為生科所奠定了堅實的基礎，齊心拔昇了生科所的學術水準。

第一任常執委盧信祥教授所面對的是國醫與中研院之間招收學生的平衡，因此必須釐清招收學生的原則。經過委員會詳細的討論，定了下述規範：

國醫的十餘個研究所及中研院生命科學相關研究所所有教授、研究員均可以是博士生的指導老師，國醫生科所的學生在選擇指導教授之前，可先到國醫或中研院的三個實驗室去觀察學習（rotate），之後再決定要留在哪個實驗室。但如果是國醫系統的碩士考入生科所博士班的學生，則必須優先選擇到國醫教授的實驗室。這個規定為期待中研院及國醫系統博士生的平衡，兩個學術單位選取了互補互利的方式，來爭取卓越的學生進入國醫生科所。

執行的規範確立了，國醫的生命科學研究所大張旗鼓準備開始了。新的研究所設立，必須向教育部申請同意設立博士班，國醫的生科所擁有如此雄厚的學術後盾，照理在招收學生上可以大開大闔，不過，國醫第一年準備招生時就踢到了鐵板。

突破法規限制，國醫生科所起跑

根據教育部規定，新設立的博士班第一年只能招收五位博士生，這是為了保障學生的優質受教權益。誠然，以一所大學來說，可以指導博士生的老師有限（約五到十位），所以，教育部設定學生的門檻，是希望維持高等教育的品質。

但是國醫與中研院合作的生命科學研究所兩個學術單位合起來有一百多位老師與研究人員，如果只能招收五位學生，反而是學術資源的浪費。吳成文知道，必須前往教育部溝通。為了招生事宜，他又再一次到教育部拜會毛高文部長。

吳成文一向是開門見山的性格，他對毛部長說，經過了這麼多的過程，現在國醫的生命科學研究所終於設立了，但卻囿於教育部的規定，只能招收五個名額，這對這麼龐大的學術師資陣容，真如大海撈小蝦米一般，浪費了國家這麼好的兩個學術單位的卓越教學與研究人才，也阻礙招收學生的吸引力，他期待教育部可以放寬中研院與國醫合作的招生名額，這不同於一般大學設立博士班的情況，實屬特例。

衡量了吳成文所陳述的狀態，毛高文部長也認為第一年招收五位學生的規定對國醫的生科所限制過大並不合理，他同意針對國醫的特殊狀況鬆綁，第一年的名額隨即放寬為二十五位。有了部長的擔當，國醫生科所方真正地披掛上陣。

從中研院院士會議院士們提議以中研院豐厚的學術資源，尤其在新世紀可以預見的生命科學世代，期待招收國內卓越的青年進入學術研究的殿堂，這個任務交由吳成文進行，他從教育部開始，一路由臺大而陽明一直到軍系的國醫。當得到國醫院長尹在信將軍的支持後，又不畏辛勞，前往國防部從參謀總長到國防部長，一關一關地解說與陳述，又一步一步地解決實際上須面對的無論是法規或是合作的困難，國醫的生命科學研究所才能破蛹而生。

國醫成立生科所為民國八十一年，這時尹在信將軍已經從國防醫學院院長卸任，繼任的院長為馬正平將軍，而國防部也有人事變動，郝柏村升任行政院院長，陳履安為第一位文人國防部長，經歷了這麼多人事變動，吳成文終於成立了國醫生科所，使中研院可以招收學生，完成了院士會議的交託。

生科所的第一任常執委盧信祥教授回憶時說道，吳院長一路地去陳達、說明，毅力驚人，他們在後面扶案支持，就是希望把事情做好，尤其是如何吸引好的學生到國醫來。吳成文戮力開創，國醫與中研院則以最佳的陣容接手招生，從民國八十一年到現在，國醫生科所對臺灣的學術環境有著重大的影響。

以高水準學術門檻吸引優秀學生

當時，臺灣生命科學方面的博士班不多，也因為中研院新設立的生醫所及分生所，還有原本的植物所、動物所與生化所等，加上國醫的優秀師資，所以第一年招生就有七、八十位學生報名，這一炮打響了國醫生科所的名號。

任何事情標高理想容易，但是否成功，如何以卓越的學術制度執行更是重要。第一任常執委盧信祥教授與吳成文合力建立生科所運行的原則，汲力吸引優秀的學生，奠定了紮實的基礎，盧教授卸任之後，由趙壯飛教授接任。趙教授為人開闊爽朗，具學術的宏觀遠見，他瞄準執行的細節，在他任內又創立了許多新措施，這段時間正是生科所突飛猛進的時刻。

趙教授思慮細縝，講求實效，他知道要考進國醫生科所不容易，但那時國內的博士班多半是「進來艱難，出去容易」，這是因為國內博士生的資格考與國外注重學生的獨立思考不同，大多是以指導教授的研究為基礎，鮮少自己發想，所以一心要改善這習常的學術陋習。

趙壯飛認為博士班學生必須具有獨立做研究的能力，所以他建議博士生的資格考為自己思索研究計畫，才在指導教授的協助下做研究，這亦是國外優秀大學行之有年的非論文提案（non thesis proposal）的資格考方式，為測試學生自由獨立思考的能力，而不是將教授的題目執行完畢而已。

當然這對行將畢業的博士生是個非常大的挑戰，但趙壯飛認為高等教育尤其是生命科學領域，未來的競爭壓力大，為國家儲備具有獨立學習及解決能力的科學人才更重要，何況，有難度才能真正吸引最好的學生報考，也就是說，窄門不易出，但畢業的就是有能力及有企圖心的學生。

國醫生科所畢業的難度增加，沒想到反而發揮了磁鐵效應，來報考國醫生科所的學生有幾年高達兩百多位，國醫的生命科學研究所曾一度為國內最大的研究所，最多的時刻為一年招收到八十位學生。吳成文及趙壯飛常聽到其他大學抱怨說，你們國醫生科所辦得這麼成功，好學生都被你們兩人搶走了。這雖是不經意的一句話，但也說出國醫生科所高水準的學術風範。

除了為博士資格考所規劃的改變之外，趙壯飛教授知道博士班的學生在進入實驗室以後，幾乎與同班同學及學校斷了連結，因為大多時間都在實驗室中，為了維持同學間以及學生對學校的向心力，學校必須多下一些功夫，來凝聚同學們的情感與對國醫的認同。

用心塑造博士生的向心力

國醫經過幾年的耕耘，生科所的學生已成長到一定的規模，趙壯飛針對國醫生科所錄取的學生，設計了一個非常獨特的共識營（retreat）學術活動，這個共識營除了新錄取的學生之外，也是各年級學生必須參加的年度活動。

共識營召開的時間在生科所博士班學生錄取後、註冊前舉辦，參加的對象為各年級所有學生。共識營的規劃設計也有巧思，例如所有的活動由生科所二年級的學生執行，這可培養學生的學術活動能力及增進同學間的情感。共識營中設有論文競賽，為針對將畢業的學生所準備好的博士論文，每年約有二十到三十篇參加共識營的論文比賽，讓這些博士候選人上場說明自己的研究。這場論文比賽的結果，選出前三名及五位佳作共八名，當場給予獎勵。如此的運作也讓在場的新生感受到國醫博士班訓練的堅實。

共識營中，老師們可以張貼自己實驗室的研究成果壁報，讓剛錄取的新生瞭解各個實驗室的研究內涵與不同的研究重點。這同時也可幫助生科所二年級學生選擇未來論文的指導教授。

而在經過這兩天一夜的彼此認識、學術論文演講比賽等活動，所有參與的同學與老師們交流共融，塑造成一場非常巧妙的學術迎新模式，當然最終的目的為吸引優秀的學生進入國醫生科所。趙壯飛說，學術活動的動機也希望錄取的學生不要被其他學校搶走。如此面面俱到地考慮到如何讓學生「一見傾心到國醫」，看得出他心思細膩。

上述的學術迎新創意是其一，趙壯飛連畢業典禮如何吸引「博士新鮮人」參加也是費盡心力。他知道，過去博士班畢業的學生參加畢業典禮並不踴躍，在教育部鬆綁博士生的博士授證袍服之後，想著如何重新設計博士班畢業生的袍服來吸引大家參加畢業典禮。所以，他非常費心地為博士畢業的學生設計出喜氣洋洋的紅色袍服，這博士服在萬「黑」叢中一點「紅」，極端地搶眼。

趙壯飛說，雖只是件顏色不一樣的袍服，隔年，博士班畢業的學生幾乎都來參加畢業典禮，因為這件袍服在大學部、碩士班所有畢業學生的典禮中非常突出，大家都知道這是博士班的「專屬」服裝，博士畢業生上臺領取畢業證書時也感覺與眾不同，而昂揚自信。

小細節大思索，國醫的生科所就是在所有參與學者的努力下，從排除萬難設立、到建立制度、到吸引優異的學生，自入學而至畢業的用心規劃，思索所有的方法，贏得學生對國醫的認同，如此一步一步地打造起自己的學術信譽。

一頁發展史，影響我國學術生態

吳成文從生科所設立後一直擔任常執委，二〇〇五年，他自國衛院卸任，常執委的職務交給國衛院的續任院長伍焜玉院士，不過國醫還是邀請他參加與主持委員會的所有會議。吳成文覺得自己已經卸任，在體制上必須尊重所有的委員，謙而不受。

那時，國醫的院長為張德明教授（註），他瞭解國醫生科所設立的所有過程，也認為吳成文必須留在執委會中繼續幫忙，所以藉這個機會聘請吳成文為生命科學研究所榮譽所長，還特別為吳成文準備一間辦公室，希望吳成文常回到國醫，以他豐厚的學術及行政經驗，給予國醫生科所再往前挑戰的建議。

國醫生科所為臺灣培養了不少生命科學領域的研究人才，這些新生代生力軍，無論是在學術界、業界，都有亮麗的表現。而這也是中研院可以招收學生的第一個成功的合作對象，中研院終於可以以其豐厚的學術資源，為國家訓練年輕的學術人才。

由於國醫生科所的成功，其他大學也群起而效尤，紛紛與中研院合作不同學程。中研院現在甚而有跨國的學程，與國際上其他大學合作，這國際學程計畫的主任就是由軍系退休、對生科所經營有著豐富經驗的趙壯飛教授。也就是說，因著國醫生科所的成功經驗，促動我國其他大學也願意廣開學術大門，與中研院、甚至其他學術單位合作互動，中研院更往國際延伸觸角，建立更多的學程計畫，這對我國的學術生態影響甚大。

趙壯飛說，臺灣生命科學領域有許多學術新制的創建，幾乎都與吳成文有關。例如，具學術高度的跨國同儕審查制度、建立擁有國際學術能力的研究單位生醫所、有遠見地創設國衛院，及不畏難阻排除各種狀況之後，設立了國醫生命科學研究所等等，這些建置，對我國生命科學的發展影響深遠。

這是屬於國醫生命科學研究所的故事，其實，也是一場見證與縮影，說明上一世紀，學術機構期待為我國作育科學人才的一方理想，以及吳成文與所有參與的人在實踐過程中的不容易，更有新的學術單位如何提昇學術品質的絲絹用心。

吳成文說：記述下來，為在企盼臺灣的學術種子不斷衍生成長，而這一塊學術苗圃的勃興，必須交棒給科學的新生代承接下來，臺灣生命科學的發展，才能走得更寬闊更長遠。

註：張德明教授後任軍醫局局長，現為臺北榮民總醫院院長。

Chapter 2

育

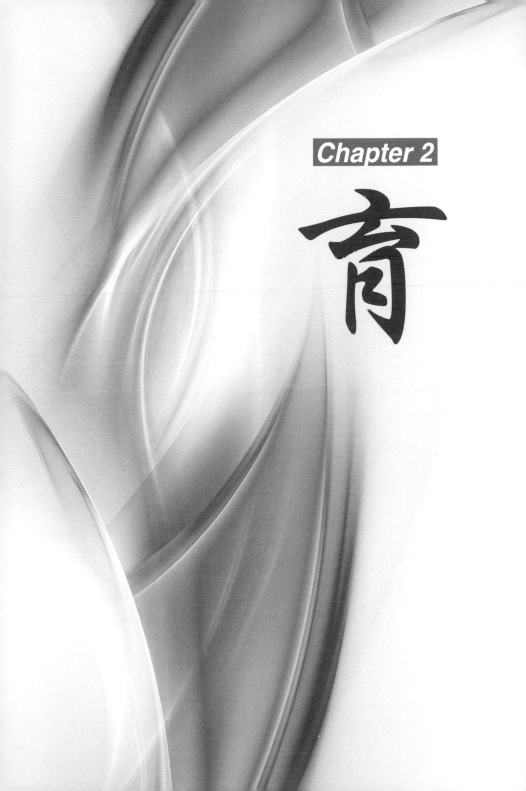

5.改革臺灣醫學教育質性的醫學院評鑑

一九九八年美國通知臺灣的教育部表示，美國醫界不承認臺灣醫學院畢業所培育的醫生，因為臺灣的醫學教育與美國相較為不可比擬（non-comparable），這對臺灣的醫學教育是個未曾出現過的震撼，表示出雙方在醫學教育的訓練標準不同，因為無法相比擬，美國無法接受。且根據美方所指，臺灣所訓練出來的醫師將無法在美國取得醫師執照，事況的嚴重程度讓教育部非常憂心。

提出臺灣醫學教育與美國不可比擬的為美國評鑑國外醫學教育機制的NCFMEA（National Committee on Foreign Medical Education and Accreditation），這個獨立機構的設立歸因於美國攸關醫學教育的評鑑組織LCME（Liaison Committee on Medical Education）。

LCME為美國醫學會（American Medical Association）及美國醫學教育學會（Association of American Committee on Medical Education）所共同設立專責評鑑全美醫學教育的委員會。美國醫界設立這個委員會的目的在於認知醫學教育非僅於訓練醫療工作的基本技能，身為一位牽繫病患生命的醫師，除卻必須的醫療能力之外，更需具備服務及悲憫的人格特質，方是對病患醫療品質的保證。

LCME委員會定期評鑑美國各醫學院，其重要的功能為確認醫學院所訓練的醫師具有適性醫師人格及嚴謹醫療技能。這個組織在美進行醫學院評鑑超過一甲子，對美國高品質的醫學教育卓有貢獻。

與美國醫學教育不可比擬，挑戰臺灣醫學教育

美國為移民國家，無論是美國公民在國外接受醫學教育或是來自他國的醫師，美國政府一向採取正面接納的態度，但是在一九八〇年代美國國會為保障國人的醫療權益，敦促聯邦政府教育部設立調查其他國家之醫學教育評鑑制度，以瞭解他國醫學教育的品質，其最重要目標為是否可與美國醫學教育相比擬（comparable），美國教育部據此成立NCFMEA，做為評鑑國外醫學教育的組織。

這即是一九八八年美國來函表示，據NCFMEA進行各國的評鑑裁示，臺灣的醫學教育為與美國不可比擬，這個裁示嚴重斲傷臺灣的醫學教育形象。

接獲美國NCFMEA裁示的教育部非常迫切地希望瞭解原因，以教育部的認知，臺

灣醫學院所招收的學生一向是最秀異的學子，美國的裁示除卻影響臺灣的醫學教育之外，要是發生骨牌效應，例如與美國採取同樣評鑑標準的其他先進國家若提出同樣的判準，對臺灣的影響更是無法逆料。

教育部當時安排了黃崑巖教授及李明亮教授前往美國瞭解臺灣被裁示為不可比擬的原因。黃崑巖教授與李明亮教授均自臺大醫學院畢業，在美國取得博士學位，並於美知名大學醫學院任教，同時先後回國創設成大及慈濟醫學院，兩位對臺灣與美國的醫學教育均非常熟悉，教育部希望兩位教授前去，得以瞭解臺灣被裁示為不可比擬的原因。

NCFMEA表示，臺灣的醫學院學生為高中畢業聯合招生所分發的，醫學院畢業接受臨床訓練之後通過考試，即可取得醫師資格，這批學生及爾後所謂養成的醫師，沒有經過切實的評核以瞭解其人格特質是否適任醫師職責。此為因素之一。除此之外，臺灣醫學教育的評鑑制度不客觀，更沒有獨立的評鑑機制，NCFMEA難以瞭解醫學院教育的實況，因而無法認可臺灣的醫學教育跟美國為可相比擬。

兩位教授帶回的資訊說出了當時我國醫學教育的侷限與現狀。教育部深知茲事體大，是牽一髮動全身，以教育部的立場必須及早因應，所以迅及邀集各醫學院的院長到教育部會議，希望各醫學院院長提供意見，共同來解決這個臺灣醫學教育如此重大的危機與挑戰。

國衛院接下醫學院評鑑重責

吳成文是在各大醫學院院長與教育部會議之後才受邀參與會議的，當時國衛院方成立不久。

過去臺灣的醫界各自擁據，學會林立，並獨行運作，例如若是某系統成立臺灣醫學會，另一系統則成立中華醫學會，各醫學會之間各自為政，難以互動、合作，與美國學會的背景大不相同，因之若是仿照美國LCME之形式，以學會邀集成立委員會來進行評鑑，在臺灣難以奏功。而如何尋找到一個超然、客觀的組織進行醫學院評鑑，這是教育部的第一道難題，也是教育部邀請吳成文參與會議的原因。

吳成文參與會議之際，方得知除了教育部，各醫學院院長亦希望藉助國衛院超然與公正的立場，幫助醫界處理現下的危機。公部門與醫學院的期待是讓國衛院擔任醫學院的評鑑工作。

吳成文得知大家對國衛院的要求，他的第一個反應為國衛院為全國最高的醫學科學研究單位，成立的使命為提升醫藥衛生研究水準，增進國人健康福祉，是個任務導向型的學術研究機構，醫學院的評鑑並非國衛院的職責，吳成文認為與國衛院設立的使命不合。

但是與會的教育部官員及各醫學院院長，懇切商請吳成文以醫界的大局為念。吳成文想著，國衛院身為醫界的一份子，出力幫忙的確義不容辭，然公平客觀的評鑑工作一定會評比出好壞，事實上沒有一個組織機構喜歡被評比，而還得接受必須修正的意見，看來這個評鑑工作並不容易，兼之國衛院為學術單位，沒有行政上的權力，評鑑之後的執行才是臺灣醫學教育得以改善的關鍵。這些障礙必須先行克服。

吳成文於會議中答應可以由國衛院來進行醫學院的評鑑事宜，但他有兩個請求，一是所有的醫學院必須一致同意由國衛院接手評鑑，教育部同時要出具公文正式委託國衛院；另一個重要的要求為，無論國衛院對各醫學院的評鑑結果與建議為何，教育部必須無異議執行，醫學院也必須整體配合。

會議中，教育部與各醫學院的院長都同意了，於是教育部正式來文由國衛院執行國內所有醫學院的評鑑工作（註一），國衛院也接受了教育部委託。吳成文的第一個思量便是找到適任的人來帶領建立醫學院的評鑑機制，及邀請我國重要的醫衛學者，設立公正、超然以及專業的委員會。

黃崑巖帶領醫評會，期改革臺灣醫教瑕疵

其實吳成文接受教育部委託之際，心中已經有了人選，為力自成大醫學院退休來到國衛院的黃崑巖教授。

黃崑巖教授為成大醫學院創院院長，對醫學教育卓有見地，成大醫學院興學有成，醫界有目共睹，兼之他曾赴美瞭解NCFMEA對臺灣醫學教育的意見，由他來執行醫學院的評鑑工作，至為相宜。吳成文邀請黃崑巖承擔醫學院評鑑的重責，黃崑巖也欣然同意，認為這是對臺灣醫界效力的機會，也是他念茲在茲希望改革臺灣醫學教育瑕疵的開始（註二）。

二〇〇〇年，在黃崑巖教授帶領下的醫學院評鑑委員會（Taiwan Medical Accreditation Council，簡稱TMAC）成立了，黃崑巖教授擔任主任委員，委員共計十一名，由國衛院推舉五人，教育部推舉三人，全國各公私立醫學院院長推舉三人。上述委員必須對臺灣醫學教育有深刻的經驗與認識，能對所有醫學院提供高瞻遠矚與立場超然之意見，委員組成除了臨床醫學專家之外，亦可邀請基礎醫學之學者及人文學者

擔任，以求更深入評鑑醫學院的教育與人文素養內涵。

在如此周觀的考量中，第一屆十一名委員出爐（註三），均是國內外熟知臺灣醫學教育的醫界人士，委員會設有行政人員，以協助委員訂定評鑑工作之基本政策、確定評鑑重點、安排訪視、審查訪視小組訪視報告，及將裁定結果送交教育部等相關事宜。

這是個繁複的行政作業，但是TMAC在短短的一年內設立了評鑑機制，進行各校的訪視，藉助訪視機會，說明評鑑的要點、評鑑準則與規定，以幫助學校瞭解評鑑對醫學教育的重要性，同時將自我評鑑資料分發至各個醫學院，行政作業結束之後，委員會方實地進行評鑑。

這次國衛院進行的評鑑工作，各個學校均非常配合，評鑑的結果出爐，有通過的醫學院，及尚待改善的醫學院名單，因為委員會評鑑的過程嚴謹、公開以及超然，各個醫學院接獲教育部的評鑑結果，均無異議的接受。

赴美完成答辯，翻轉美方裁示

自建立委員會到進行評鑑將近兩年的時間，TMAC完成了第一階段任務。二〇〇三年黃崑巖教授與何曼德院士、李明亮教授前往美國華盛頓NCFMEA的聽證會進行答辯，會議中報告我國進行醫學院的評鑑制度，及臺灣醫學教育逐年改善的實況，結果獲得與會委員的一致肯定，委員會通過我國醫學院評鑑為與美國comparable（可相比擬），兩年的努力，終於讓美國翻轉對臺灣醫學教育的裁示。

跨過這一步之後，二〇〇三年三月，黃崑巖前往世界醫學教育聯盟，出席當年於哥本哈根的年會（World Federation for Medical Education，簡稱WFME），報告臺灣設立醫學院評鑑委員會及評鑑的實務經驗，當年的會議讓WFME年會的各國代表印象深刻。WFME為世界衛生組織外圍的非官方機構，臺灣的醫學院評鑑委員會也因此與國際組織互動，正面提昇我國醫學教育學界的國際形象。

TMAC為我國醫學教育打了一場勝仗，建立醫學教育評鑑的新風貌，也因為國衛院幫助臺灣醫界奪得先進國家的認可，國衛院在醫界的領航地位儼然樹立，吳成文也深感國衛院與醫界一起成長的欣慰。

眼見黃崑巖教授對醫學教育的貢獻與熱誠，當教育部諮詢吳成文有關部內新任醫學教育委員會主委的人選之際，吳成文認為黃崑巖教授為不二人選，於是黃崑巖教授身兼TMAC及醫教會的主委，這段時間，他撰寫臺灣教育白皮書，同時結合TMAC的功能，制訂短、中、長的評鑑日標。

二〇〇五年，吳成文於國衛院院長下任前一年，一日，黃崑巖教授來見吳成文表示，中國醫藥大學邀請他擔任講座教授，他考慮前往，吳成文當然是極力慰留，但黃崑巖教授可能離開國衛院的消息卻已不脛而出，方隔數日，吳成文接獲多所醫學院院長的來電，大家都關心黃教授的動向。

他們直言，擔憂未來醫學院評鑑的公允與客觀。一位醫學院院長非常直白地對吳成文說：由國衛院來評鑑各個醫學院，在於國衛院的立場超然、公正，醫界沒有話說，也非常信賴國衛院，但黃崑巖教授身為TMAC主委，若是前往中國醫大，大家自然會質疑未來醫學院評鑑可能有利益衝突的問題，醫界對於評鑑的客觀性勢必產生疑慮。

國衛院階段任務完成，醫評會回歸教育部

這其實也是吳成文擔憂的，他不希望好不容易建立起來的制度，因為人事的變遷而橫生意外。吳成文再一次誠摯地慰留黃崑巖，不過黃崑巖說，他對教育有著熱誠，難以忘懷，已經答應前往中國醫藥大學擔任講座教授了。

吳成文非常不捨，然應該處理的事情依舊不能迴避，他對黃教授說出已接獲數通醫學院院長的關切電話，擔心未來TMAC的客觀性，且依據教育部的委託，TMAC必須

留在國衛院。黃崑巖教授是幫助TMAC建立的關鍵人物，TMAC也是在他手中發揮匡正國內醫學教育的功效，吳成文知道在情懷上要黃教授割捨非常不易。

黃崑巖詢問國衛院將來得以接替TMAC的人選，吳成文建議李明亮教授。

李明亮教授與黃崑巖教授有相似的學養與經歷，兩人均熟稔國內外醫學教育現況，兩度前往美國為臺灣的醫學教育與美方無法比擬之事進行瞭解與答辯，兩人在臺灣醫界同受敬重。黃崑巖當下沒有拒絕，答應讓李明亮接替他的任務。

有了黃崑巖的應允，吳成文特地請來李明亮，敦請他接任TMAC主委，當時李明亮教授自衛生署署長下任，擔任國衛院衛生政策中心主任。衛生政策中心的功能為希望結合學界，幫助衛生署在政策制訂之際，具有學術洞見的背景思量與支持。

李明亮教授在國衛院的工作至為繁重，但吳成文以醫衛人才需培育與提昇之情懷曉以大義，他終於同意。吳成文因為在院長任內的最後一年，希望在他下任前TMAC主委的接續能夠順暢無瑕，所以要求李明亮教授儘快處理交接事宜。

不過，TMAC最後還是脫離了國衛院，進入由教育部設立的一獨立高等教育評鑑中心，由評鑑中心專責辦理。

當李明亮與黃崑巖會晤之後，回報給吳成文最新的訊息為，黃崑巖表示，教育部鑒於醫學院的評鑑成功，希望將本制度推廣至大專院校，所以成立了高等教育的評鑑中心，藉助評鑑中心對我國大專院校的評核，教育部可以瞭解各大專院校的教學面向，同時據此來提升學校的教學水準，所以黃崑巖認為，若是以長久計，TMAC應歸建進入教育部的高等教育評鑑中心。

建立模範，期許醫學教育步步登進

這是吳成文在國衛院任內的最後一年，這一年諸事倥傯。吳成文回憶起昔年接受教育部的委託進行醫學院評鑑，那時的思索為國衛院身在醫界，當醫學院的教育遭受挑戰、需要幫助之際，做為醫界的一份子，理應義不容辭，所以吳成文接下了醫學院的評鑑工作。但嚴格說來，這並不是國衛院份內之事，國衛院做為一個學術單位，負有任務導向的研究使命，醫學教育的良窳為教育部的職份，TMAC若回歸教育部，如此，國衛院為醫界所承挑的責任，也可以卸下。

所以當吳成文得知教育部計畫整合TMAC以及醫教會，同時擴展功能希望對全國的高等教育進行評核所成立的高等教育評鑑中心，也樂觀其成。二〇〇五年教育部來文將TMAC對國衛院的委託轉由高等教育評鑑中心執行。

二〇〇六年TMAC成為新設立的高等教育評鑑中心職掌之一部份，黃崑巖教授前往中國醫藥大學，唯依舊擔任TMAC主委，一年之後黃崑巖教授離開中國醫大，但他持續在TMAC貢獻心力，一直到他臥病回美而謝世（註四）。之後TMAC主委先後由和信治癌中心醫院院長黃達夫教授及慈濟大學校長兼醫學院院長賴其萬教授接任。

過去臺灣醫學院的學生來源全然根據大學入學考試的成績，但是TMAC將這一個行之久遠的制度逐一調整，除了學業表現之外，同時注意其人格是否具備利他特質，及有否溝通的技巧能力等，希望以最大的可能選擇與培養出將來以病患為先的醫生，現今TMAC已經運作成熟，這是TMAC早期工作的委員們以及黃崑巖教授當年的心血。

這幾年，TMAC除了在醫學院評鑑之外，尚注意到醫學院的差異化教學競爭，同時不斷修正評鑑需注意的枝微細節，例如就大環境言，醫學院在臨床的訓練尚不足，必須透過革新的課程及床邊教學，幫助醫學系學生在接受過完整的養成，畢業之後具有得以在各科勝任的通才能力，及進一步擁有接觸基礎科學之職能。

這其實是今日醫學教育須步步進益的地方，吳成文對於上一世紀國衛院進入醫學院的評鑑工作，所開展今日醫學教育足以前進的契機，是祝福也是期許。這一場國衛院與當時戮力合作TMAC的學者專家們，像是接力一般，協手提升臺灣醫學教育及醫註一：當時國內的醫學院為：臺大醫學院、陽明醫學院、成大醫學院、國防醫學院、長庚醫學院、臺北醫學院、高雄醫學院、中國醫學院、中山醫學院、慈濟醫學院。

註二：黃崑巖教授於成大醫學院退休後，至國衛院擔任臨床醫學研究組副主任。

註三：第一屆TMAC委員：張仲明（國衛院院內處處長）、何曼德（國衛院臨床組組主任／中研院院士）、黃伯超（教育部醫學教育委員會主委）、黃達夫（和信治癌中心醫院院長）、胡俊弘（臺北醫學大學校長）、王乃三（成大醫學院前院長）、張心湜（陽明大學秘尿學科教授／振興醫院院長）、陳定信（臺大醫學院院長／中研院院士）、賴其萬（慈濟大學校長兼醫學院院長）、謝博生（臺大醫學院前院長），以及主任委員黃崑巖教授。

註四：黃崑巖教授於二〇一二年TMAC第三任主委任內在美國謝世，骨灰歸葬臺灣。

6.醫學系學生暑期研究計畫——耕耘科學生命的下一世代

二〇〇三年九月二十九日，吳成文應邀前往美國紐約參加「美國在華醫藥促進局」（American Bureau for Medical Advancement in China，簡稱ABMAC）的惜別酒會，他與李明亮教授、黃崑巖教授一起見證了ABMAC六十餘年對華的貢獻，那一夜是回顧與紀念、感恩的謝幕。

ABMAC對華的情誼走過六十餘年，在ABMAC十字形的標誌中，一個漢字「義」，下面為：Humanity Above All，這一句話畫龍點睛地道出ABMAC的創會宗旨，也是吳成文在參與惜別晚會時，思索著必須把ABMAC的精神盡其所能延續下來。而他當時心中所想的是「醫學系學生暑期研究計畫」的薪火相承。

以醫療援助開始的跨國情誼

說及吳成文成立的「健康科學文教基金會」，已經持續十餘年進行的「醫學系學生暑期研究計畫」與ABMAC的緣由，就必須述及ABMAC的歷史與創會的人道精神。

一九三七年中日開戰之際，三位在美的華裔醫師及基督教信友（註一），眼見中國生靈塗炭，軍民傷亡慘重，而戰地的中國卻欠缺醫療資源，更遑論藥品、醫療人力，無不捉襟見肘。他們三人登高一呼，與在美的中國領事館一起協力，向美國民間及醫界募款，成立「美國醫藥援華會」（American Bureau for Medical Aids in China，亦稱為ABMAC），希望為戰區的中國轉進醫療物資，包括最簡單的繃帶、紗布、鑷子、消毒用壓力鍋，及藥物、疫苗與顯微鏡等，同時透過紅十字會訓練同情中國戰亂的醫師，前往戰場救助傷患。戰火中的救援，幫助了不少中國戰區的傷兵及人民。

二戰之後，國共戰爭又起，政府遷臺，ABMAC也隨之來臺。戰後的臺灣百廢待舉，當時民生艱困，ABMAC隨即投入臺灣的醫衛基礎整備，曾經資助許多醫生、護理人員、醫學院學生及實驗室的研究人員前往美國受訓，協助臺灣的醫藥發展。這時，ABMAC也更名為「美國在華醫藥促進局」。

這些前往美國受訓的醫護人員稱之為ABMAC Fellow，ABMAC Fellow人數多達五百餘人。早歲臺灣的醫療菁英多數曾為接受ABMAC資助，前往美國受訓者，如臺大醫院的楊思標教授、葉曙教授，及有臺灣精神醫學之父稱譽的林宗義教授等人，他們均是ABMAC Fellow。

提供轉型的剴切建議

吳成文於臺大醫學院就讀之際，當時臺灣外來的資源非常有限，ABMAC邀請H. William Harris教授來臺，於臺大醫學院演講，其演講之見地與啟發，激勵著吳成文年輕的心，不過吳成文與ABMAC的進一步接觸卻是在一九八八年回國於中研院生醫所任職之際。

八〇年代的臺灣景況好轉，醫學教育與醫療設施均步上軌道，臺灣已經有能力自己進行醫護人員的訓練事宜，兼之當時經濟起飛，ABMAC的有限基金資源感覺難在臺灣進一步伸展。當時ABMAC的主席Dr. Donald Armstrong適巧來臺，正在思索ABMAC的下一步發展，他認為ABMAC的成立為以醫療服務幫助華人，既然臺灣的醫療成長已趨成熟，莫若將ABMAC移往中國大陸。

吳成文對Armstrong建議道，中國的土地太大，人口眾多，如果幫助醫療環境困難的大陸，以ABMAC的有限資金遷往中國，所有的資源會一下子稀釋掉，不容易成事，不如留在臺灣，補強臺灣在正規醫學教育中還無法進行的事情。一句話讓ABMAC決定繼續留臺，Armstrong同時邀請吳成文進入ABMAC的諮詢委員會擔任主委，希望藉助吳成文之力，讓ABMAC能夠發揮更好的功能。

臺灣即令在上一世紀經濟成長，但國際外交艱困，且一般民眾對於疾病的正確認知亦不足。吳成文擔任ABMAC諮詢委員會主委之後，邀請重要的醫學院院長及醫界耆老擔任ABMAC的諮詢委員，希望透過ABMAC民間組織的身份，為臺灣在公共衛生領域做出貢獻。

以民間組織之彈性發揮更多功能

緣於此，吳成文同時前往衛生署及外交部，為ABMAC爭取資源，盼能緩解ABMAC逐日飆漲的行政財務壓力。外交部及醫界盡知ABMAC無論在大陸時期或臺灣，均有對華人的情感與奉獻，也願意與ABMAC攜手合作，一起為臺灣突破政府無法著力的侷限。

這段時間，衛生署與ABMAC具名邀請亞太地區重要國家，如泰國、印尼、菲律賓等政府的衛生部部長、副部長，舉辦「二十一世紀公共衛生研討會」，這是臺灣在外交困境之際，所舉辦一次非常成功的國際公共衛生會議，研討會議的出版品尚且致贈給世界衛生組織，供各界參考。如此透過ABMAC所發揮出的效益，跨越了外交空間的困窘。

當時吳成文正為政府籌設國家衛生研究院，何曼德院士同臺進行感染症專科醫師的訓練計畫，Armstrcng為哥大的感染科知名教授，他協助吳成文及何曼德院士幫忙在美邀請專家學者來臺，訓練臺灣的感染症專科醫師。國衛院所訓練的感染症專科醫師目前已經是國人於疫病期間健康的守護，ABMAC是眾多重要的協力推手之一，這是吳成文所感念的。

面對臺灣日益嚴重的老化問題，吳成文規劃在國衛院設立老年醫學組。當時臺灣尚無老年醫學領域，如此新的學門，專科醫師的養成為第一要務，國衛院計畫進行老年醫學專科醫師的訓練，但是如何尋找到宿有經驗的專家學者來臺，協助國衛院展開老年專科醫師訓練，是吳成文煞費心力的難題，最後還是透過ABMAC邀請來自美國紐約西奈山醫學院（The Mount Sinai School of Medicine）的兩位專家醫師來臺，協助國衛院老年醫學研究組的戴東原主任，國衛院老年專科醫師訓練計畫方得以順利進行。

而吳成文對ABMAC另 個印象深刻的是Schering-Plough捐助的ABMAC SSS計畫

（Schering-Plough Student Summer Research Program，簡稱SSS），此即是醫學系學生暑期研究計畫的前身。

本計畫為Schering-Plough當時捐款給ABMAC，希望做為振興醫學教育之用，於是ABMAC使用本筆捐贈，針對醫學系學生設計出學生的暑期研究計畫。本計畫為鼓勵醫學系學生於暑期之際尋找指導教授設計研究議題，進入實驗室中學習研究方法，以求增進其實驗及操作能力，並激發其對醫學研究的興趣。計畫以暑假三個月為期，每月提供學生補助金，及研究計畫老師的指導津貼。

值得一提的是，計畫完成之後，必須以英文撰寫研究報告，評審委員並自其中挑選出優秀的學生計畫，再次邀請學者與會聆聽學生的研究成果。依計畫的規定，本場研究成果全程以英文陳述，同時得接受在場評審的英文詢問並以英文回答。SSS計畫自學生來件的初選、通過審查的複選，一直到最後篩選出的研究成果，以及最精彩的現場英文報告與詰答，均是一關關的考驗。

感念默默貢獻，承接暑期研究計畫

ABMAC的 SSS暑期計畫啟始之際為商請當時成大醫學院院長黃崑巖主持，有一年吳成文受邀擔任SSS計畫決選的評審委員，對於學生的表現印象深刻，覺得這是幫助醫學系學生對學術研究產生興趣的一個絕佳機會，也對ABMAC能夠激勵醫學系學生的研究熱誠而激賞。

雖言ABMAC自抗日戰爭的醫藥援華開始，到幫助臺灣醫界能力的提昇，無論是醫師的進修、護理人員的訓練，與提供資訊、協助、邀請專家來臺，為臺灣訓練專科醫師；及藉助民間組織的彈性，廣開臺灣政府醫衛層級與亞太地區主要的邦國互動；對中國或是臺灣均有貢獻。但是二〇〇〇年政黨輪替之後，ABMAC無法再承接政府的補助，ABMAC亦想及當時創會的責任已了，所以在董事會的決議之後，決定終止業務。

那一夜，一甲子對華的情誼在吳成文的眼中流蕩，他向曾經對臺灣投注過心力的美國醫界耆老致意，有Dr. Donald Armstrong、Dr. Gerard M. Turino，及曾在臺服務三十年後退休返美的ABMAC前執行長Hope Phillips，一一道謝。而他心中已經思慮，下步應當接下ABMAC的醫學系學生暑期研究計畫，不僅是延續ABMAC的精神，其實培育能投身醫學研究的醫師科學家，也是他回臺之後對提昇臺灣在新世紀競爭力之衷心所繫。

二〇〇三年參加了ABMAC的惜別晚會回國之後，吳成文隨即邀請當時尚在國衛院的彭汪嘉康院士，及臺大醫學院院長楊泮池院士（註二），兩位卓越的科學家一起負責主導醫學系學生暑期研究計畫，而計畫擬以吳成文成立的健康科學文教基金會主辦。

由健康科學文教基金會舉辦的醫學系學生暑期研究計畫自二〇〇六年開始，已經執行了十二屆。前四屆美商Schering-Plough藥廠如同以往提供部分補助，但自二〇〇九年Merck藥廠併購Schering-Plough之後，因為國際藥廠的思索策略不同，之後即由吳成文捐助成立的健康科學文教基金會支持進行本計畫，直至二〇一六年第十一屆，方與國家衛生研究院合辦。

激勵青年學子探索學術真相

本計畫在彭汪嘉康院士及楊泮池院士的主持下，審查嚴謹，每年來件申請的計畫均動員四十至六十餘位學者審查，歷屆均有秀異的醫學系學生爭取本暑期計畫，並以得到計畫的獎補助及參與研究成果報告為榮。

細數健康科學文教基金會執行醫學系學生暑期計畫，截至二〇一七年，各醫學院卓越的學生申請人數計達四百〇二位，獲得暑期計畫獎助共一百八十八位，參與研究計畫成果報告者累計一一五位。

每年最後研究成果報告的競賽，基金會邀請參與口頭報告學生的師長，如醫學院院長、或是醫學大學校長與會參與評審，這些熱中研究的醫學系學生表現令人激賞，不僅能以流利的英文全程解說所執行的計畫，同時必須回應在場評審師長們的所有提問，每場詰問均使與會評審驚艷不已，有時還忍不住讚嘆，這些學生的創意與實力，甚而不在博士後研究員之下，直是臺灣未來的希望。

值得一提的是，基金會進行前五屆參與最後研究成果口頭報告共四十五位學生，其後續學習生涯發展的調查發現，已經有一位醫學生得到博士學位，四位在國外就學攻讀博士。其他目前尚在醫院接受臨床訓練的準醫師多數表示，對於學術研究仍有相當的熱情，希望有機會繼續進修，但因為臺灣學制之故，他們必須先完成臨床醫師的訓練。足見醫學系學生暑期研究計畫對其所發揮的激勵。

吳成文承接本計畫，每次在研究成果發表會的競爭比賽中，他往往諄諄地說出自己學生時代的經驗，及對於參與計畫的醫學系學生之期許，他言道：

醫學系三年級時，因為在圖書館讀到華生（James D. Watson）及克拉克（Francis H. C. Crick）有關DNA的學術論文，心中大受激勵，於是主動要求師長讓他到實驗室去做研究，啟發了他日後選擇進入基礎醫學研究的學術領域，在於年少的他那探索真理的熱情被激勵了起來。

年輕人的潛能與創造力是豐厚的資產與寶藏，藉助暑期計畫的導引，如果發現自己非常喜愛研究，他鼓勵學生必須及早開始。當然並非每位醫學系的學生都得進入基礎醫學的研究，但是即令未來於臨床上進行醫療行為，如果發現一些疾病的現象，並非在教科書、或是臨床訓練中所學所見的，如何以探究真相的思索，找出問題、解決問題，進而發現病因，提出治癒之道，這種科學的精神，是一位臨床醫師必備的追索態度，也將促成醫學的進展。

吳成文表示，此即是醫學系學生暑期研究計畫希望帶給學生的多元思考，因為醫學的進步，就是所有追求真理的累積，也是實驗室科學家及臨床醫師攜手互動、合作的智慧成果。如此方能幫助民眾解決疾病的侵襲與威脅，提昇民眾的健康品質。

塑造願景，盡己之力拋磚引玉

說及在ABMAC的諸多業務中，吳成文獨選擇承接醫學系學生的暑期研究計畫，除卻因著基金會成立的宗旨之外，其實也與他回國一心期待為臺灣打造新世紀的競爭力有關。

臺灣地狹人密，天然資源有限，上一世紀勞力密集的代工型資訊科技產業曾帶動經濟的榮景，但現今臺灣的優勢已逐漸被其他國家，如南韓、印度，甚而中國大陸所侵蝕，如何瞄準新世紀全球高科技知識經濟發展的趨勢，及結合臺灣優秀的人才資源，創造新生代年輕人未來發展的遠景，才能為臺灣紮下根生的競爭目標。

多年前，吳成文即指出生物醫學為二十一世紀最重要的科學，生物科技的發展使今日的醫學整體改觀，生物科技已是各國於未來開展經濟的競爭強項，其特點即在於實驗室與商品帶距離短，若有傑出成果，商機可期。但研究無法一蹴可幾，必須培養人才、進行良好的研究計畫。

人才與研究計畫，成為各國推動生物科技致勝的關鍵。因之，養成本土人才，是培育生物醫學研究及未來產業化唯一的紮根方法。而人才之培育與養成，醫學系所訓練的醫師科學家就是重要的來源支柱。

我國醫學教育目前為畢業前一年進行實習醫生訓練，畢業之後馬上接續住院醫師的臨床養成，從畢業後一般醫師訓練計畫（Post Graduate Year，簡稱PGY）兩年之後，再進行住院醫師分科訓練或四年、或五年，方可取得專科醫師證照，多數醫師如果對研究還有濃厚的興趣，在所有的訓練完成之後，才有機會進入臨床醫學研究所就讀，即令所有的時程均沒有耽擱，算一算年歲已經是三十開外了。

這是國內的制度，與國外醫學院在學生階段即可進修博士學位，待博士訓練完成之後再回頭進行PGY或是住院醫師的訓練有所差異，在年紀上也延遲多年。

但是吳成文認為，年輕人的創造力強勁，學術研究除卻學院的養成之外，創意與具挑戰的思索，是躍進的推力，臺灣最傑出的人才多數集中在醫學院，年輕的醫學生有無可限量的創造力與熱誠，必須在這一階段即開展其廣闊的夢想與視野，未來方有機會登進生命醫學無論在臨床或基礎研究的堂奧。

也所以，吳成文願意以一民間團體的力量，拋磚引玉，十餘年來為挖掘學生的研究志趣，一步一行。他知道，以一個基金會的力量誠然有限，他也知道，目前臺灣培育醫師科學家的教育政策陷入瓶頸，但是醫學系學生依舊是眼前教育體制下的菁英，這群優秀的年輕人需要前輩的指引、需要師長的啟發。這是自己回臺灣的一大夢想，總覺得臺灣有機會藉助生物醫學革命的機緣，再一次站上國際舞台，這個火炬需要年輕世代接下來。

期許國家可長可久的科學生命

所以在基金會進行了十年的醫學系學生暑期研究計畫之後，二〇一六年首次與國家衛生研究院合辦，也希望這個從ABMAC承接下來的計畫，藉助與國家級學術機構的合作，增加高度，讓臺灣在生物醫學研究這條道路，懂得如何紮實的紮根、懂得培育學術研究的根苗是政府的責任。科學研究不是尾隨世界上的熱潮，因為以臺灣的財力、人力，一定不是先進國家的對手，而是要如何以差異化的競爭，走出一條自己的路。

當年的外來民間組織ABMAC曾經為臺灣做過的事情，今日吳成文擷取重點往下走。這段歷史是否可長可久，並不在於個人有限的作為，而是政府如何以決策力來帶領臺灣的科學發展。吳成文認為，由此民間組織支持醫學系學生暑期研究計畫之執行，所回饋出科學世代亟待耕耘的實況，其實更值得深思。

註一：三位ABMAC的發起人為：Dr.Frank Co Tui, Dr. Eran B Chu, Mr.Joseph Wei。

註二：彭汪嘉康院士目前為臺北醫學大學臺北癌症中心院長，楊泮池院士於二〇一七年於臺灣大學校長卸任，現為臺灣大學講座教授。

7. 科學園丁，夙志不懈——吳大猷學術基金會

新世紀的第一年——二〇〇〇年三月，吳大猷先生謝世，吳成文得知訊息，悵惘許久，心中盡是曾與吳大猷相處的點點滴滴。還記得在吳大猷住院期間幾次的探望，眼見一代哲人科學家體魄逐漸衰弱，但是每當吳成文來訪，他總會抓起吳成文的手，一句一字叮嚀如何紮實地發展臺灣的科學國力。老驥伏櫪，心在家國，而一生劬勞，盡在海峽兩岸的科學研究及教育養成，無私的風範，讓吳成文尊敬與欽佩。

一九八八年，吳成文是在吳大猷力邀下回到臺灣的；擔任中研院院長的吳大猶自是吳成文的頂頭上司，一直到一九九三年卸任。這五年期間，吳成文得以親事長者的胸襟與視野，尤其是高瞻遠矚、肩負責任與承擔的風骨，讓吳成文獲益良多。

耕耘科學教育，無私奉獻

其實吳成文得以長居臺灣，吳大猷的支持是一個重要原因，他為了留下吳成文以及當時中研院多位回國的科學家，親自奔走總統府，建議國家設立特約醫學講座制度；之後，又大力撐持吳成文創設國家衛生研究院，這段在吳大猷積極鼓勵下建立國衛院的歷程，吳成文感念不忘。

吳成文記得在中學之際，因為楊振寧及李政道獲諾貝爾物理獎的激勵影響，曾經希望學習物理，當時也知兩位物理獎得主的老師為吳大猷先生，而在自己親身與吳大猷相處之際，才體會出吳大猷何以能訓練出兩位如此傑出的世界級科學家，以及無論是國際學界或是海峽兩岸的學生們如此尊敬他的原因。因為吳成文所見的吳大猷就是秉持著無我與遠見，以百年樹人的心懷來提攜後輩，方能讓人尊崇備至。

例如吳大猷將其歷年來的教學素材撰寫成「理論物理」共七冊，於一九七五年出版，現今本著作已是海峽兩岸及東南亞地區物理學界的重要教科書，甚而對東南亞的物理教學產生極大影響。而他在中研院院長卸任之後，與在臺的學生們一齊致力於中學物理教本的改良，依舊專志耕耘下一代的科學教育。

吳成文有時前往他在廣州街儉樸的居所，只見吳大猷總是伏案工作，他對吳成文謙稱自己為科學的老園丁，當時吳大猷先生的健康已經不佳，但還是操勞不輟，吳成文心中真是不捨。

成立基金會，紀念一生風範

吳大猷先生仙去之後，沈君山先生邀請數位尊敬吳大猷的企業人士捐資，如張忠謀、林百里等人，為紀念吳大猷先生成立吳大猷學術基金會。基金會設立的宗旨為繼續發揚吳大猷先生推動科學教育暨學術研究的精神，來促進科學教育發展與增進學術交流。沈君山先生為董事長，他邀請吳成文擔任董事。因著欽敬吳大猷的心懷及對國家的貢獻，吳成文慨然應允。第一屆基金會董事尚包含楊政寧與李政道兩位諾貝爾獎得主。

董事會確定了基金會的主要業務，為每年舉辦吳大猷科學營，及每兩年的科普著作獎。吳大猷科學營於每年暑假在臺灣舉辦，主題為物理科學（包含天文、物理、化學等）及生命科學（包含生物與醫學），兩大領域雙主題隔年輪流舉行。

營隊成員為來自臺灣、中國大陸、香港、澳門等四地卓越與知名大學的高年級學生，由各校遴選之後至基金會申請報名，錄取而後，來臺參與五天六夜的科學研習營隊活動。吳大猷基金會根據每年的議題範疇，邀請世界知名科學家與會，設計每日之演講時程，及與學生互動的對話時間等，如有邀請外籍的科學家蒞會，則以英文演說，也因之學生的語文素質及在學成績至為重要。

二〇〇一年第一屆吳大猷科學營主題為「從原子到宇宙——展望二十一世紀物理的尖端研究」，第二屆則進入生命科學的範疇，當時吳成文為國衛院院長，由國衛院接手舉辦，主題為「解開生命的奧秘——生命科學的挑戰」。因這兩屆科學營成功舉辦，在海峽兩岸及港、澳打出了名號，也成為上述地區日後對科學有興趣的優秀青年學子競相爭取的暑期重要學習活動。

吳成文擔任董事之際，已經以實際行動支持吳大猷科學營的經費，及擔綱舉辦每隔兩年以生命科學為題材的科學營業務，直到國衛院院長下任。

接替沈君山託付重任

吳成文在回臺之後，與沈君山逐漸相熟，其中重要的因素為沈君山擔任政務委員之際，生醫所正計畫興建第二棟研究大樓，沈君山評核生醫所的確有興建新大樓的需求，但他在行政院的公文上明白坦率地批註，生醫所新建研究大樓的條件為所長吳成文必須在臺定居。這個重要的批示，讓生醫所的第二棟研究大樓興建有譜，當然也是促成吳成文回臺長留的諸多重要因素之一。

一九九九年，沈君山先生第一次中風，吳成文前往探視，只見沈君山瞞著醫院出外會議，吳成文諄諄叮嚀，第一次中風後一定要非常小心，也要有充分的休息，因為如果復原稍有疏忽，有極大的機會將發生第二次中風。

二〇〇〇年之後，吳大猷基金會成立，沈君山除寫作、教職、基金會的業務之外，尚風塵不倦地前往中國大陸參與各種演講與棋藝競賽等，長期奔勞之餘，不幸在二〇〇五年二度中風。二度中風之後，沈君山的身體已大不如常，但他努力復健。一次，沈君山來到吳成文的辦公室，那時他的行動已然受限，是拄著枴杖來的。

他對吳成文說，自己的身體每況愈下，擔心若不幸第三度中風，吳大猷基金會的業務將遭致影響，所以，希望吳成文接手基金會，來擔任董事長。吳成文對沈君山說，他一定鼎力幫忙，但建議基金會的董事長還是不要變動。不過，在二〇〇六年吳大猷基金會的第三屆董事會中，沈君山先生依舊提議，由吳成文接任董事長，經全體董事一致通過。

二〇〇七年，沈君山第三度中風，緊急搶救雖挽回一命，但自此呈現昏迷狀態，有時或能開眼，卻已不能言語。吳成文也沒料到自己真會接下吳大猷基金會的重任，眼見沈君山的身體日益衰頹，回憶起他在三度中風前的託付，及自己對吳大猷先生的尊敬，他也願意跟隨吳大猷的腳步，為兩岸四地青年學子的科學潛能，成為一位撒種的園丁。

一、吳大猷科學營

迄今，吳大猷科學營已經進行到十六屆，吳成文即令在沒有擔任董事長之際，除了第一屆當時為物理的題材，且國衛院有其他重要的學術會議無法參加，及二〇一二年第十一屆因為那時他自世界細胞生物學聯盟主席卸任，有重要的學術事務必須前往巴西轉給新任學會聯盟的科學家幹部，此兩屆無法出席之外，十六屆的科學營活動他幾乎全程參與。

吳成文在吳大猷科學營的主力幹部，包括曾經擔任元智大學校長的彭宗平教授、中研院物理所所長的李定國教授，及自然科學博物館館長的孫維新教授，他們三人如同鐵三角，協助吳成文每年科學營的活動規劃及科學營年度主題的擬定，同樣肩負重任。

歷年來科學營的主題均具有吸引莘莘學子前瞻眼界的動力（註一），如自生態演化之探索、極限科學之介紹，到幹細胞與生命、環境保護與能源永續、新創物質的未來世界，及二〇一七年的從生命科學的觀點談人類未來的發展等等。

每年的主題討論，都是學子們腦力激盪與科學大師互動的精彩交匯。一場場科學營的學術活動，讓吳成文感受到華人地區年輕學子對科學新知的熱情，其實這也正是吳大猷科學營的目的，在於啟動與激勵年輕學子瞭解自己是否適合以科學研究做為終生志業，及尋找自己得以發展的領域。

吳成文擔任科學營的營主任之後，必須由他介紹吳大猷先生的生平，除了闡述吳大猷無論在學術、教育的重大貢獻之外，吳成文最喜歡分享吳大猷的理念、胸襟，與治學嚴謹的科學態度；及相處請益之際，總感覺他如一個溫暖與慈祥的長輩，臉上那純然笑容真誠地像一個和藹的長者，每次會晤總有如沐春風的親切感。

二、吳大猷科普獎與科學沙龍

吳大猷基金會除了科學營之外，另一個重要的活動為自二〇〇二年開始，所舉辦的吳大猷科普著作獎。吳大猷科普獎每兩年舉辦一次，自臺灣、大陸和香港出版的科普華文著作中，遴選出優秀的圖書給予獎勵。現今，吳大猷科普獎已經成為海峽兩岸最重要的科普著作獎項。

科普獎分創作及譯作兩類，已成功舉辦八屆，近幾屆參與競賽的書籍甚且高達四、五百本，競爭非常激烈。十餘年來逐漸成為海峽兩岸科普創作、科普出版交流溝通的重要橋樑，不僅激勵了眾多科普作者、譯者的著作熱情，也為公眾推薦了優秀的科學普及著作，進一步培育大眾的科學視野與知識，落實對社會大眾正確的科學教育。

也因為科普獎的成功，於二〇〇六年開始進行少年科普獎的著作選拔，基金會希望將科學的觀念與眼界紮根入青少年，幫助他們及早養成科學的認知。

而每年參與科普獎的優秀圖書眾多，為了分享予社會大眾，基金會致贈臺北市立圖書館和平總館，於二〇〇八年成立吳大猷書房。書房藏書涵蓋數學、天文、物理、化學、地球科學及生命科學等類別，同時展開「吳大猷科學沙龍」活動，邀請歷屆科普獎得主、國內傑出學者，舉辦演講、討論及演示活動，以深入淺出的方式，讓青年學子和一般民眾一窺科學堂奧，瞭解生活中的科學趣味。

這是吳大猷基金會的逐一耕耘，無論是科學營，或是科普獎，甚而是吳大猷書房的科學沙龍等，總是希望效法吳大猷先生學術報國的奉獻精神，也是吳成文接下沈君山的託付之後，十餘年來勉力前行的足跡。

承接吳大猷夙志，培育科學新苗

若有機會，吳成文會到清大去探視沈君山，雖明瞭沈君山未必知道他的來訪，但他還是如常地跟老友說說目前吳大猷基金會的現況，請沈君山不必懸念。而基金會的會議多半在中研院物理所召開，吳成文也會到四樓的吳大猷紀念館走一走、看一看，遙想吳大猷一生的風骨與節操，回憶著他回國前五年那段吳大猷擔任院長之際，最愉快的長官與部屬的公誼與私淑。

昔年回臺，在希望為臺灣創造以科學帶領科技實力贏的機會，吳大猷無私的支持，讓他能跨出中研院為臺灣挑戰更多的機會。而今身為吳大猷基金會的董事長，卻希望將這樣的理想與機會，往下傳遞給新生代的年輕人。這一條路，感覺也是對吳大猷當年幫助他安放一切回臺（註二），所做的回饋與反哺。

中國大陸稱吳大猷為中國的現代物理學之父，臺灣稱吳大猷為臺灣現代科學之父，這是難得的一位科學家，無論是過去以及現在，在海峽兩岸一直存在不協調的歧見下，大家均沒有異議地對吳大猷的尊敬。想著這位哲人科學家的典範的確跨越了政治的現實，是他無私的教育家心懷，奪得了世人的尊敬。

吳成文也希望藉助無論是吳大猷科學營或是科普獎的舉辦，傳承吳大猷先生所創造的寬仁風範與嚴謹的治學態度，甚而希望藉著吳大猷科學沙龍來提升臺灣民眾對科學探索的興趣。而這也是他願意承挑吳大猷基金會的原因，有對吳大猷的感念景仰，有對沈君山的承諾責任，其實也有更多自我的快慰，這是在每一次無論是在科學營或科普獎與學子們的對話時，感覺自己也跟著吳大猷先生的步伐，盡一份知識份子回報家國的社會責任。

註一：歷屆吳大猷科學營之主題詳見吳大猷學術基金會網站。
註二：詳見《吳成文——生醫開拓手》之「追憶吳大猷院長」（天下出版社）。

8.國家衛生研究院「論壇」——我國醫藥衛生福利的智庫

對於政策智庫的重要性及瞭解，吳成文在美時已有所涉獵，而一九八八年回臺之際，臺灣也正經過一場政治思索甦醒的過程，逐步進入兩黨爭競的時代。上一世紀經過的政治活動，為臺灣社會創造機會，但也帶來相對的後遺症。

例如，媒體解禁之後如雨後春筍，遍地開花，自思為民喉舌，而民意機構為求聲達於大眾，就媒體議題為問政指標，兩相牽動之下，導致以民粹之流動掌控議場，左右政策，誠非臺灣之福。

政策之制訂，求取多數人的利益，亦同時尊重少數人的需求，尤其是攸關全民健康的醫藥衛生政策，更需要有科學的實證為根基。國家衛生研究院「論壇」之成立，就肩挑了這一個重任，希望為臺灣民眾的健康福址立下標竿。

吳成文是在上世紀那風動的當下回到家鄉的，他希望為臺灣創造出具有競爭力的科學舞臺。回臺之後，一頭埋入建造學術研究的基礎建置，培育本土人才，以此來圖繪心中的理想，期待為臺灣開闢出機會——一個藉助科學幫臺灣在世界打出天下的可能。那時，他感覺自己也留著革新的血，不斷思索引進新的學術制度，一步一釘，工作得不亦樂乎。

因為是第一個回國長居的院士，常被邀請到國科會、衛生署（註一），甚至教育部去會議，彼時的政府官員也是兼程快步，知道身在公門，有如火車頭，必須與時俱進，疾行不懈，遇有問題，或電詢、或會議，總是抓機會與他磋商。有一陣子吳成文幾乎每天往國科會報到，那時他還笑說，再這樣下去，應當在科技大樓給他一個辦公室了。看得出來，吳成文當時的忙碌與幹勁。

兩位長者——李鎮源院士、宋瑞樓院士——的胸懷

初回臺灣時，吳成文邀請幾位醫界的長輩，如李鎮源院士、宋瑞樓院士，擔任中央研究院生醫所的學術諮詢委員，他倆也是吳成文在臺大醫學院的老師，吳成文對兩位老師無論授課或是學術研究的認真一向敬佩。李鎮源院士的研究為以分離出蛇毒的α-Bungarotoxin，驗證其神經傳導的分子機制而著名。宋瑞樓院士被譽為臺灣「肝病之

父」，進行肝炎血清的研究，並推動肝炎疫苗接種，稱之為臺灣公共衛生史上的「肝炎聖戰」。

吳成文一心肇啟生醫所的學術研究，希望針對臺灣的需求創造醫學學術研究的高度。而這同時，他的老師李鎮源院士，卻以士林望重之身，參與臺灣醫界聯盟廢除刑法一百條的公民運動。當時李鎮源院士已經高齡七十餘，還南北奔走，為廢除本法條參與公眾聚會、靜坐抗議，甚至被挑戰質疑，當年身在學府，為何不敢出聲捍衛言論自由？吳成文記得非常清楚的是老師的回答，李鎮源院士說：當年他怕死。

這句話是坦然的自省，說明曾經的憂怯，吳成文覺得老師真是不容易，願意站出來，更願意承擔。恰是在這時際，吳成文接獲另一位老師宋瑞樓院士的電話，宋院士已自臺大醫學院退休，擔任孫逸仙癌症中心的院長（註二），老師請吳成文吃午飯，想跟他聊一聊。

吳成文依時前往，在醫院附近的日本餐廳，席間說及李鎮源院士為刑法一百條集結醫界所做的努力，及無畏承認當年憂懼的心懷。這時候，只見宋院士大大嘆一口氣說，他佩服老朋友李院士的勇氣，勇敢地站出來，而他心中卻一直有塊石頭壓著，覺得對醫界有愧。

事後吳成文才知這是老師請他用膳的目的。宋院士說，現在各醫院重要、或擔任主任級的醫師，多數是他的學生，但眼見醫界的積痾如此嚴重，醫師看一個病人不到幾分鐘，診間每天有高過百餘位的病患，醫病的關係疏離、醫療品質粗糙，醫師幾無時間做研究，這些對醫師及病人都是傷害，他身為醫界的長者，卻無所作為，對現下醫界的弊病，他只能揣著無力感，終日抱憾負愧。

老師如此語重心長道出這番話，吳成文可以感受到老師的沈重心情。他回應道：老師說的話我會記在心裡，以後如果有機會，我會想辦法改善這些現象。

他山之石足以攻錯——先進國家的醫衛智庫

當時國家衛生研究院尚未成立，吳成文知道，以一己之力要改善醫界的積弊，無法奏功，必須與醫界合力，方有機會。直到吳成文為政府籌設國衛院，新機構啟始不易，除卻相關的建置規劃之外，如何確認國衛院的功能至為重要，因此，吳成文多次藉助參訪先進國家類似的機構取經問訊，期許他山之石足以攻錯，希望國衛院能汲取寶貴經驗，成立之後方得以發揮最大效能。

他從美歸來，在美之際知道其國家科學院（National Academy of Science，簡稱

NAS）轄下的醫學研究所（Institute of Medicine，簡稱IOM，二〇一五年改名國家醫學研究院National Academy of Medicine，簡稱NAM，後文均以本名稱稱之），邀集美國國內醫衛相關領域，如院士級學者組織成立論壇，舉凡有關美國重要的醫藥衛生政策問題，論壇邀請專家、學者參與討論、研議、磋商，再依據大家的意見形成共識，提交政策白皮書予政府，以作為政府施行政策或進行民眾衛生教育的藍本。

NAM因為有學者專研的學術背景為後盾，每每切中要害與重點，成為政府於規劃醫衛政策時的最佳智庫。

除卻美國，歐洲的瑞典，也有如同NAM的組織，名為Kololinska Institutet，其功能如同NAM，尤其在瑞典相關公共衛生政策之施行與為人民健康療護等之規劃，Kololinska Institutet的學者扮演非常重要的角色。吳成文為籌劃國衛院於參訪之際，有關國衛院成立論壇的機制，其實已經在心中浮現。

成立論壇必須有醫界德高望重的前輩登高一呼，方能邀集學術界的熱情與參與，這時候，吳成文想到了老師宋瑞樓院士，及當年老師語重心長的話。他想著，國衛院若是成立論壇，有關如何改善臺灣醫界生態的弊病，就可成為一個重要議題，讓學界來共同研商，尋求解決之道，且老師宋瑞樓院士是領導論壇的不二人選。在國衛院尚未成立之際，吳成文已思索商請宋瑞樓院士主掌論壇的可行性。

一九九六年一月，國衛院破繭而生，吳成文擔任創院院長，除了如何建立研究組之外，吳成文想著必須盡快成立論壇（註三）。他一向是劍及履及，親自走訪宋瑞樓教授，說明來意，希望老師撥冗主持論壇事宜，擔任總召集人。宋瑞樓教授謙而不受說，他年紀大了，體力不行了，怕擔不了這個重任。

吳成文這時對宋院士說道，幾年前老師請他吃午飯，當時非常沈重地點出臺灣醫界的弊端，覺得身為醫界長輩卻無能為力。吳成文說，他一直記住老師的話，現在機會來了，希望老師再想一想，不要推辭，而論壇也需要老師的人望，廣邀醫界高手，大家一起為臺灣集思廣益，幫助臺灣改善醫衛環境並健全臺灣公共衛生政策的深度、廣度。

論壇破繭而生——宋瑞樓院士為首任總召

隔天，吳成文接獲宋瑞樓院士同意的電話，於是論壇的規劃與籌備於一九九六年開始起跑，宋瑞樓院士為總召集人，吳成文這時又邀請國衛院於規劃小組時代的執行秘書藍忠孚教授擔任論壇執行長。論壇設立之初，為求組織有彈性，直接隸屬國衛院院長室之下，吳成文希望論壇發展成熟之後，再成為常設組織。

一九九六年十二月，國衛院論壇成立。論壇重要的功能為針對國內急迫與重要的醫衛議題，邀集國內外醫衛學界、社會學界，甚而法學界等各領域的專家學者，以議題的方式研議共識。因為廣納各界高見，所提供的建言力求周延與適時，足以成為政府於釐定政策時的依據；而論壇的研議，也可進一步作為民眾教育的藍本。如此以學術基礎與腦力精粹所形成的共識，亦同步整合了學界不同的意見，以「智庫」能量，為國家的醫衛環境問診把脈、調整體質。

國衛院的規劃報告書就是出於執行秘書藍忠孚教授之手。當時國衛院規劃報告書上繳之後，在研考會延宕將近一年沒有下文，適逢內閣行將替易，媒體披露國衛院「胎死腹中」出師不利的消息，藍教授因而沮喪出國進修一年。國衛院成立後規劃論壇的組織功能，藍教授方回國不久，論規劃能力，吳成文認為藍教授為不二人選，於是出面邀請藍教授擔任論壇的執行長，他慨然應允。有了宋瑞樓院士的人望及藍忠孚教授的高才，論壇啟動了！

第一階段的論壇工作為成立諮議委員會，諮議會負責發掘及確定當前最重要、最急迫及最前瞻的議題，並依據將來要研議的命題成立議題委員會，委員會設召集人一位，邀集議題相關學術領域的學者齊聚一堂，執行諮議會所交付的任務，廣集國內的研究成果，及國際有關的經驗、資料，共同討論、商議，逐漸形成共識之後，再擬出可行的解決方案。

宋瑞樓院士與藍忠孚教授帶領論壇六年，根據當時國家醫衛與社會環境的需要，成立功能性的議題委員會，所研議的主題包括健康保險、醫護人員培育及醫療制度、健康促進與疾病預防、長期照護與生命倫理等。這些主題均經過委員會專家們多次的研商、確認，形成共識後，撰寫成報告書，進而出版專刊，提供給政府及社會參考。

前述以議題發想所討論出的共識專書，如：「社區化長期照護之發展策略」、「長期照護服務模式之探討」、「我國全民健康保險財務之診斷與發展」、「全民健康財源籌措評析」、「全民健保之評析與展望」等。上述均可作為政府施政時改革的依據，論壇適足發揮了醫衛「智庫」的效能。

除此之外，論壇更關懷國人的健康，期待以專家學者的智慧共識，針對影響民眾健康的議題，進行研商與討論，並提供正確建議，這些議題包括：「菸害與心血管疾病」、「藥物濫用」、「檳榔與口腔癌」、「口腔健康與疾病預防」、「機能性食品與疾病預防」等，均是國人健康應關注的要項。

李明亮教授繼任，論壇轉型為「衛生政策中心」

論壇設立六年，功效卓著，因此於二〇〇二年，論壇由功能性的組織經過董事會同意之後，成為國衛院的正式單位。也在這一年，宋院士因為年事已高，感覺不勝負荷，藍教授則將前往慈濟大學擔任校長，吳成文也不忍老師及藍教授如此奔勞，在宋瑞樓院士推薦李明亮教授擔任論壇總召之後，宋院士與藍教授一起交出棒子，期許論壇成為國衛院常設組織的來日，有著更穩健的發展。

李明亮教授為慈濟大學的創校校長，曾經擔任衛生署署長，政績卓著，更在SARS於臺灣肆虐期間臨危授命，為行政院SARS行政團隊總指揮，坐鎮中央，結合國內醫衛單位及國衛院，幫助我國度過SARS危機。

李教授是國內少數於臨床、醫學教育、政府行政均具經驗與閱歷的學者，而他也是吳成文在臺大醫學系的學長，兩人還共同合作發表過第一篇學術論文，與吳成文是數十年的好友，兼之李教授在國內學界及政界素孚清望，由他帶領論壇的下一步發展，的確實至名歸。

二〇〇三年，李明亮擔任論壇總召集人，並邀請於二〇〇二年在美榮獲「卓越外科學者獎」（America's Top Surgeon Award）的郭耿南教授擔任執行長兼副總召集人，兩人承擔重任，將論壇這座國家重要的醫衛智庫，領向廣闊與堅實。

李明亮教授因曾擔任醫衛的最高公職，同時有帶領國內抗煞成功的經驗，對於論壇如何發揮最高的功能，及若是能結合國衛院「醫療保健政策研究組」（簡稱醫保組）的學術研究，兩相濟補，將可加乘智庫的能量，為國家衛生政策的研究、發展與實現，竭盡聲喉。

這是學術研究結合研議共識兩相整合的功能，在李明亮教授主導下，二〇〇四年，論壇與醫保組在功能上合作，成立「衛生政策研發中心」，期待落實政策研究、政策分析，及政策實務三大實證精神，使衛生政策中心成為政府與學術互動的智庫平臺，導入學術研究與建言共識，如此將對政府施政有更加完善的建議機制。也在同年，國衛院董事會通過「衛生政策研發中心」為正式編制，由李明亮教授擔任首任主任，此刻，國衛院論壇在國家衛生政策的興革上，已具十足的影響力。

在組織轉型期間，論壇同時拓展與執行二十多項研議團隊，包括前瞻我國未來十年衛生政策發展的「全國衛生政策會議」、攸關國家災難體系應變的「重大健康危機事件之國家指揮體系及因應策略研議案」，及為保護受試者權益的「建立人體試驗評鑑制度研議案」等。

除此之外，各委員會出版的研議專書如：《長期照護財務制度》、《臺灣精障者之社區照護發展——理想與實務研討彙編》，及《全國衛生政策會議總結報告書》等（為提供公部門版本）。看得出來，論壇這艘船艦開錨的馬力十足，亟盡擔當國家級醫衛智庫的功能職責。

看著論壇成熟成長，是吳成文最快慰的事情，這是因為繫念當年老師的一番話，放在心懷醞釀，以及汲取先進國家經驗的一著棋，吳成文希望一切的成就，得以回饋政府與民眾，成為實質的貢獻。

以智慧折衝層峰與論壇人事

論壇在發展過程中，也有一段人事風波的小插曲。當SARS肆虐之際，原來的衛生署署長涂醒哲因SARS疫情燃爆而去職，李明亮坐鎮中央，國衛院同時借調出臨床組的組主任蘇益仁教授，擔任疾病管制局局長，協力遏止SARS疫情，一直到SARS控制之後，李明亮教授方歸建回國衛院。

一日吳成文接獲來電，為層峰希望涂醒哲擔任國衛院副院長。吳成文回應，國衛院已有一位副院長梁賡義院士，且國衛院的組織條例只有一位副院長，難以更動。但層峰希望吳成文好好處理。吳成文回應道，可以。他決定親自與涂醒哲聊聊，他認為涂醒哲曾在學界，也許希望回歸學術。

吳成文的確對涂醒哲的學養背景有一些瞭解，當他在中研院生醫所擔任所長時，涂醒哲方從美歸國，進行愛滋病的研究，在臺大任教，那時涂醒哲還曾到生醫所與吳成文商議臺大與生醫所合作有關愛滋病研究的可能性。

李鎮源院士為反對刑法一百條結合醫界抗議走上街頭，涂醒哲也跟著老師四處奔走，與醫界的友朋支持李院士的行動，看得出涂醒哲性格中的熱誠。陳水扁擔任臺北市市長之際，國衛院到處尋覓院址，當時東區尚未開發，原是臺北市政府的醫療用地，涂醒哲離開學界進入臺北市政府擔任衛生局局長，曾計畫將市政府這塊土地規劃為癌症中心，他非常熱心地希望與國衛院合作，而與吳成文商議，但卻不敵市政府的轉向政策，這塊土地，爾後成為財團投資的臺北新商圈。

當涂醒哲擔任衛生署署長之際，由政府主導的國家型計畫開始執行，但是多數的資源過度集中，大學的預算有限（註四），吳成文擔心會斲傷人學的研究命脈，特地前往衛生署，建議涂醒哲，國家型計畫在重要的醫衛問題上，衛生署絕不能缺席，相關整合與研究影響國人健康生命權的大型計畫，醫衛主管機關的衛生署應當有更積極的作為。

這番話涂醒哲聽進去了，於是衛生署以科技預算提撥一億元做為醫衛議題之國家型計畫，這個計畫結合國衛院及十個大學，一共三十多位研究人員，組織了肺癌基因體國家型計畫，日後肺癌基因體計畫研究的成果豐碩，被評核為最成功的國家型計畫，對我國肺癌防治有重要貢獻。吳成文認為，涂醒哲在衛生署署長任內的決定，是一個關鍵的轉寰。

涂醒哲到職與離職二、三事

這一次，涂醒哲自署長下任，對於曾經是國衛院的董事長及熱心的醫界後進，吳成文也覺得必須妥善地處理涂醒哲進入國衛院的事宜。

涂醒哲到國衛院與吳成文一晤。吳成文單刀直入地說道：「上面要你擔任國衛院的副院長。」而吳成文緊接著問：「你已經當過衛生署署長，下一步在政壇的計畫是甚麼？是行政院院長嗎？」涂醒哲馬上回應：「沒有！沒有！」

吳成文說：「如果將來你的計畫為留在政界，國衛院是學術單位，一個國衛院副院長的頭銜對你沒有幫助，再說你曾經擔任過國衛院的董事長，這時候來當副院長，總是有瓜田李下之嫌。何況國衛院有嚴謹的評選及評核制度，副院長必須經過學術審核，你來自學界，應當瞭解這樣的學術機制。」

這時吳成文話鋒一轉，對涂醒哲言道：「我記得你回臺灣時，在臺大進行愛滋病的研究，當時還希望與生醫所合作，只是這幾年你在政壇，離開學術一段時間了，現在倒想建議你回到學術來。政治的生態瞬息萬變，來來去去，但是學術研究卻可以跟著你一輩子，如果你願意回到學界，國衛院會是一個好機會。」

吳成文詢問涂醒哲在臺大的職等，涂醒哲回答說，為副教授。吳成文忖度著，國衛院研究組的一級主管都是研究人員兼任，如果涂醒哲希望在國衛院擔任主管，還要經過聘審委員會的評核，而若是副教授的職等對他比較不公平。

於是吳成文建議，以國科會的客座教授邀請涂醒哲到國衛院，涂醒哲這時同時執行一個有關愛滋病的研究計畫，一年之後，如果有不錯的成果，那時方啟動學術審查，只要有研究成績，再正式升等為正研究員，這樣對涂醒哲也不會太委屈。

一番話涂醒哲欣然同意，也因為涂醒哲在政府行政上的背景，吳成文覺得涂醒哲到論壇擔任副總召集人是個合適的位份，一方面可幫助論壇總召也是前衛生署長李明亮教授，以及從美國回來的另一為副總召郭耿南教授，一起把論壇重要的智庫功能彰顯出來。

涂醒哲在國衛院任職一年餘，參與國衛院的主管會議，與國衛院的行政同仁一起搭交通車上下班，沒有曾經擔任過署長的架子，與同仁們相處和洽，之後，因大葉大學聘請他為講座教授而離職。吳成文一直希望涂醒哲回到學界，大葉大學講座教授的待遇與提供的條件高過國衛院，吳成文自然祝福他的新職。臨行前，涂醒哲特別跟吳成文致謝，告訴吳成文，這一年在國衛院是個愉悅的經驗（註五）。

吳成文卸任後論壇之異動

吳成文院長卸任之後，回到國衛院的實驗室，當時他是肺癌國家型計畫的總主持人。因為臺灣肺癌的型態特殊，而吳成文也知世界各國的肺癌發病型態在急速地改變，所以，計畫到美國相關重要的實驗室去瞭解其他國家有關癌症研究的現況。

他在國衛院十年，不曾使用過年進修假，二〇〇七年，他決定到國外知名的癌症研究機構重要的實驗室參訪，那一年他安排了四個研究機構去修習與演講，直到年底方回。

等他回國後，才知道論壇的總召集人李明亮教授已經去職，吳成文非常訝異。他想結合論壇及醫保組的衛生政策中心方於二〇〇四年成立，這正是做事的時候，李明亮教授去職，對論壇及衛生政策中心的影響甚大。吳成文終於抓出機會與李明亮教授見面，想瞭解一下實況。

李明亮教授性格正直，持守原則，是一位具謙沖風範與涵蘊溫和的學者，他告訴吳成文的狀況為，當時國衛院因為預算考量希望將論壇遷回竹南，然李教授深覺不宜，在於竹南院區交通不便，各委員會學者的參與程度必會受到影響，若有學者無法參與研議，也會涉及論壇所呈現建議的品質，不過因為與院方溝通卻無法撼動需遷回竹南的決定，李教授因而離職。

雖然吳成文知道，如果院方及主管官署重視論壇的機制，將是國家在執行醫衛政策時的一大助力，但良善的制度及所集結的醫衛菁英研議團隊，一定需要政府與國衛院院方的支持，方能持續。他雖期待論壇繼續發揮始創之際的功能，也對李明亮教授的去職非常惋惜，但是不在其位，不謀其事，他已經交出棒子了，國衛院未來的發展，他難以置喙。

那時他也計畫自國衛院退休，前往陽明大學擔任特聘講座教授，這時有關國衛院的人事變動，更是不能多言。唯心中擔心的是論壇的消頹，這層憂慮卻不幸而言中，爾後論壇併入國衛院其他的學術單位，繼李明亮教授之後，郭耿南教授亦自國衛院退休，論壇的職能有著結構性的改變。

倒是離開國衛院的李明亮教授依舊活躍，曾擔任國光生技董事長、關懷非洲貧困地區有關水資源的飲用及永續擷取清潔水等問題，人道關懷的性格依舊。

國衛院及衛福部邀請吳成文重啟論壇

二〇一二年國衛院第五任院長龔行健到職，即令吳成文為院長遴選委員會主任委員，除非公務，也難得到國衛院一趟。他離開後的國衛院也經過不斷的組織更迭，有關當年希望扮演國家醫衛政策智庫功能的理想，吳成文只是放在心懷。這幾年耳聞國衛院的預算緊縮，受限於預算的壓力，讓國衛院掣肘難移。

倒是吳成文總有機會到公部門去會議，一日他見到已經改制後衛生福利部的主任秘書，兩人有機會一談，吳成文忍不住問道，過去衛生署時代對國衛院非常支持，有關預算方面，若是不慎被民意機構刪減，國衛院的預算從沒有影響過，但是聽說現在不一樣，設若有刪減，國衛院更是深受其害地刪得比其他單位還多，這到底是為了甚麼？

主任秘書言道，其他的單位都在發展，國衛院卻是緊縮，現在只有幾個研究所，組織沒有擴大，預算當然無法增加；再者，國衛院過去對衛生署很有貢獻，在醫衛政策上給政府很多有效建言，例如論壇與衛生政策中心的實務建議及研究，現在國衛院沒有了這樣的功能與作用，預算怎會增加？

一句話說出了端倪，吳成文雖希望從旁對國衛院有所助益，但也感覺無法著力。但巧合的是，事情總是有著出路與轉寰，沒想到二〇一三年國衛院把論壇的重責大任交給了吳成文，而這同時衛福部部長邱文達（註六）亦前來邀請吳成文重啟論壇。

當時龔行健院長到任不久，曾經擔任國衛院院內處處長的張仲明教授對龔院長建議說，國衛院應當重啟論壇，這是當時創院之際希望扮演政府醫衛智庫的遠大理想，同時建議由吳成文擔任論壇的總召集人，而重啟的論壇必須放在院的層級。

為此，龔院長特地致電吳成文有關重啟論壇功能的構想，也口頭邀約吳成文擔任論壇總召，請吳成文務必幫忙。吳成文離開國衛院已經八年，但這時覺得自己理應協助國衛院把論壇再次建立起來，不過重啟論壇茲事體大，他也在思索如何開始。

身負重責，首在建構論壇人事

國衛院要重啟論壇及邀請吳成文擔任總召的消息傳了出去，一日，曾經是國衛院分子與基因醫學研究組組主任的蔡世峯教授前來，談及學術研究事宜。一見到蔡世峯，吳成文靈機一動，眼前這位卓越的科學家，正是論壇執行長的適當人選。而這當刻龔院長再次來電，他正等著吳成文的確切答覆。

吳成文隨即跟蔡世峯說：「論壇要重新運作必須要有大將，你到論壇擔任執行長，你如果不來，論壇這事就難開始了。」這真是三方均湊巧，蔡教授沒想到吳成文有此一問，想了一下，說：「好。」一句話讓吳成文答應了龔院長，他決定接下重啟論壇這個不容易的任務。吳成文也慎思計量著，如何抓起論壇這個舵，讓它乘風再起。

國衛院建請重啟論壇為二〇一三年九月十八日，正式發文公告為十一月七日。吳成文交出國衛院之際，論壇有三十到四十位同仁，年預算約為四千多萬，但現下國衛院預算吃緊，重新啟動，經費當然不必如過去之譜。

當年李明亮教授因反對論壇遷回竹南而離職，論壇若是要運作順暢，在臺北為重要的考量。吳成文心中規劃著開辦事宜，無論是研究計畫、議題規劃、參與研議的專家學者，還有辦公地點、及論壇的行政同仁等，這些都必須要有經費的支持，方能進行。

吳成文是答應了就認真到底的人，他想著，論壇的預算無法全數仰仗國衛院，勢必要自己設法。這時候，他特別向龔院長要求，從國衛院借來了三位同仁以協助論壇起步，為秘書周紅紅、原來在衛生政策中心的江博煌博士，及曾經擔任國衛院秘書處主任和行政處副處長等職的陳麗秋。

吳成文先請江博煌提交過去論壇預算及人員配置的資訊，藉此評估論壇發動之後，需要的資源及人力。

吳成文提交了計畫書及預算，這同時他也親自到衛福部面見邱文達部長，解釋、說明論壇的歷史，及曾經在衛生署時代所發揮的功能。

邱部長曾經是吳成文擔任臺北醫學大學董事長之際，為臺北醫學大學副校長及萬芳醫院院長，與吳成文相熟，兩人於公於私均有著情誼，也相當談得來。邱文達在擔任衛福部部長之後，也深感衛福政策常受政治或利益因素的阻擾，不易建立、執行，所以非常支持論壇有實證基礎、社會共識的政策建言。

勉力奔走，爭取預算助論壇起步

那時正值多事之秋，二〇一三年在塑化劑爆發之後，更有不肖廠商將棉籽油及葵花油混充特級橄欖油，且已經出售七年之久，嚴重威脅民眾健康；接著是違規使用著色劑銅葉綠素鈉，在粉圓、魚板、濕海帶、涼麵等食品上。接二連三的食安問題，民眾痛斥政府不察，衛福部更是忙得焦頭爛額。

這次為發揮論壇的功能，同時也期待集結學界為我國的醫衛政策提出有效建議，所以論壇的重啟正是關鍵。邱部長非常認同吳成文及國衛院重啟論壇的用心，唯政府年度預算已經開始執行，必須提交新的計畫。

吳成文迅即提出計畫，但因為政府的計畫業已開始，論壇的科技計畫經過將近半年的申請及審議，終於通過。這時候，論壇已經有兩個研究計畫，正要快馬加鞭地往前疾衝。

吳成文瞄準目標，論壇要發動了，第一步是建立諮議委員會。論壇諮議會的功能為提供重要、甚而是急迫性的議題，先就其優先順序提出討論，建立研議議題的共識之後，再邀集各委員研商確認，方進行分組的研究計畫。

論壇諮議委員會的形成必須經過院方及部長的同意。吳成文提交論壇重啟之後第一屆諮議委員的名單，共二十五位國內各醫衛領域的領導人物，等待部長批核。

但這時的衛福部再度陷入食安危機的黑心油及餿水油風暴中，從頂新、正義及強冠等知名廠商，以劣質的回收油甚而餿水油、飼料油等，再製成食用油出售，危害民眾健康引起社會撻伐，衛福部一再處理如此燃眉之急，自然無暇顧及論壇的運作。

二〇一四年十月，邱文達部長因為食安問題辭職下任，但是在下任前一日，他批核了論壇諮議委員的名單，也同時將論壇的研議研究計畫，放入衛福部的五年計畫中。新任的部長為具有食品科學研究背景原為政務委員的蔣丙煌。

論壇的第一年在國內政壇的風動下升帆。然政策及研議之研究計畫必須持續，要以具實證的專家研議來拔除民粹謬思，卸任的邱文達也是來自學界，知道研究不可朝三暮四，所以，建議吳成文必須面見蔣部長，說明論壇發展的始末。

吳成文前往衛福部與蔣部長會唔，他非常詳細地說明論壇所扮演的功能，尤其在醫衛政策的關鍵上，如何幫助民眾瞭解政府決策必須有所本，有全國最專精的學者與專家一起為政府的政策提供建言與背書，讓政府於爭議性政策議題上，更能拿捏方向。蔣部長也認同論壇的功效，支持吳成文放手去做。

第一次論壇的諮議委員會，吳成文邀請衛福部、國衛院院長，及所有諮議委員（註七）參加。這是一場齊聚國內醫衛學者的盛會，衛福部的官員也沒想到吳成文可以召集這麼多具有學養與實務經驗的學者加入論壇。

論壇啟航，積極扮演醫衛福利領航智庫

論壇諮議會之學者就其專長與國內的需求，分為下端數個研究組；有基因、環境與健康、社會福利、食品安全、衛生政策、健康促進、疾病防治、醫療保健、健康照護、醫療照護保險、病人安全與醫學倫理、生技發展等。

吳成文排除萬難爭取論壇的經費及建立研議的重要議題，以諮議委員會的建議與國人重大問題必須及早因應者。第一年，論壇的議題研議就有：罕見疾病法布瑞症（Fabry disease）、建構全民健康體位生活與文化之指引、加強食品預防政策研議、登革熱防治政策，及南部重要疾病防治政策研議等數項。這一年，論壇有八個研究計畫進行中，論壇在第一年已經有可見成績。

這是個試金石，起跑的論壇其實牽繫著國家於醫衛甚而福利政策的前瞻發展，幫助政府在決策上不再是跟著問題延燒，反是以超見的視野，重建國人信心、帶領國人一齊前進。

論壇第二次諮議委員會中，由八個研究組報告研議的成果進度。會中，研究與支援的團隊也提出建置有關衛生福利參考資料之雲端登錄與管理系統，以方便參與的學者上網搜尋資訊。

這一次，食品安全研究組的諮議委員孫璐西教授與會，她在會中概然發言，說著：「找這麼多學者來，大家用了這麼多的力氣，將來的目的是甚麼？過去的經驗是，學者的建言都是束之高閣，在於學界離民眾太遠，大眾幾乎沒有感覺。學術界如此認真，真的可發揮效應嗎？」語調充滿無奈。

吳成文回應道：「您說的話沒錯，其實這個問題，論壇已經有充分的討論及實際的作為。」

「我們的建議是，如果未來研議的議題取得學者的共識，這些共識可透過研討會或是座談會的名義，邀集所有利害相關的各界人士參與，例如有關的利益團體、社會團體、甚而民眾來參與說明、討論，讓大眾充分了解形成共識的學術依據，之後再以媒體傳播，廣加宣傳，促使民眾『有感』。但是也必須小心，論壇不能跟著民眾不恰當的意見流走，否則反會落入民粹的框架中。」

「因為專家的研議與建議是以科學的實證為基礎，不是人云亦云，這即是要透過傳媒溝通的地方。論壇可以去瞭解民眾的建議，但要以超然及前瞻的視野，與科學實證結合，才來提供建言。而讓民眾知其所以，是與會所有專家學者的責任，論壇並不畏懼溝通。對國家來說，我們是做對的事情，而非盲目取悅大眾，這才是政府的帶領，也是今日論壇請大家與會的目的。」

這番話獲得孫教授及與會學者的認同，大家支持論壇往前走，更希望扮演一位知識份子以其學養與良知的建議，幫助蕞爾小島的臺灣進入衛生大國之林，而讓世界對臺灣的醫衛社福環境刮目相看。

扮演知識份子回饋社會之學術舞臺

論壇跨入第三年，經過各委員會專家學者的研議共識，論壇已經提交政策建言書十五份，年度的議題亦針對社會的急速變遷不斷擴大。

舉二〇一六年之議題為例，涵括如：「探討提升兒童發展遲緩篩檢、簡介通報、評估與早療成效之策略」、「醫療體系在高齡化社會的因應策略」、「健康醫療資訊科技發展政策建言」、「氣候變遷與健康」等一共六大項，同時均已提交政策建言書。

而二〇一七年之議題更延伸及「兒虐議題之資訊整合與政策建言」、「探討藥物濫用對健康與社會之衝擊：問題與對策」、「建立學習型健康系統的大數據基礎」、「醫療與福利服務產業化評估研究」等等。

觀看論壇在吳成文的帶領下，其研議議題的重大突破，在於吳成文不僅關懷到國家的醫衛領域，也因著衛生署已經經過改制為衛生福利部，攸關國家必須正視的社會現象所涉及的社會福利政策，同是吳成文希望論壇發揮功能之處；這一兩年，論壇在社會福利議題的研議上，亦提交出重要的政策建言，例如「兒童虐待之現今與解決之道」、「老人照護：服務體系之協調與整合」等。

重啟後的論壇發展計畫，更得到衛福部科技組推薦為優良計畫（註八），當年吳成文親自奔走，重建論壇，帶領國內知名的專家學者，一起協力扮演知識份子回饋社會的積極功能，短短兩、三年，已經看到成效。

以學術實證濟補政府政策，拔除民粹

在論壇這個傾注學者智慧的互動平臺中，吳成文希望集結我國專家學者及重要的研究人力，以其學養暨實證科學的訓練，針對國家重要的醫療衛生及社會福利其急迫性與前觀性議題的探討，提供具有共識及實證基礎的政策建言。

這是個書生報國的實踐，其實就是國衛院創立之際建立論壇的動機，是從一位自省及關懷醫衛現象已經仙逝的宋瑞樓院士，與吳成文的一頓午餐開始，而無論經過何種組織更迭與人事替易，宋瑞樓院士的這把火炬，現今又交給了吳成文。

吳成文帶領論壇這兩、三年的時間，廣納論壇以前不曾商議過的議題，把論壇的視野擴大，以一位科學人的情懷，身先士卒地觀看目前臺灣社會涵藏的積弊及冰山下社會大眾尚察覺不出的問題，他引領論壇這一批擁有滿腔熱血的學者們，為國家往前開路。

「社會變遷的速度與資訊飛躍的關係互動連結，這是瞬息萬變社會的新生態，無法避免，然學術研究卻需要時間的累積方能形成策略，在於有科學實證的政策才能長治久遠，只是一般民眾不察，反有學界緩不濟急的錯誤印象。論壇卻是在中間提供了一個管道，在急迫及重要的議題上，得到所有相關領域學者的知識經驗來提供慧見，彌補了施政與學術的空窗期。」

「這就是美國NAM在面對重大醫衛問題之際，一定要召集國內相關學術領域的學者齊聚一堂，一起尋求最大公約數凝聚共識的原因。學者可幫助政府的施政不陷入民粹的威脅，而能一步一步地走穩，這同時也不偏廢學術的長期研究，因為這是未來若是政策不足之處的重要修正。以論壇及學術研究兩相濟補之運行，國家的政策制訂才能夠跳脫時地的侷限，可長可久。」

吳成文語重心長，他希望論壇在國家醫衛與社福相關政策的制訂之際，積極地發揮綜效。如此透過專家研議的平臺、科學的實證基礎，及學術視見之轉譯，提出的政策建言，的確跨出了學術大門，而能實際協助政府的施政作為。

一場堅持信念的努力

在經歷論壇曾經為政府克盡心力過去的歷史，及因為環境、人事因素的沈浮變遷，還有吳成文臨危授命，企盼為國衛院再造創院的理想；他所帶領的國衛院論壇其心懷不止於學者在斗室內的研議，及一本本束之高閣的研議專刊，而是真正的實踐。這是學者反哺國家社會的最實際行動，一如當年他在風動之刻，毅然回國一般。

環境持續變遷、人事自然消頹、政局輪替異動、時間依仍往前走，但是知識份子心志不會動搖。回觀國衛院論壇的歷史與展望它的未來，在可長可久的期待下，論壇的功效，因著學界的情懷與堅持，及回饋家國的初心，這一場持續的努力，是以吳成文為首的所有論壇學者的遠見。

註一：國科會、衛生署已經經過政府組織再造，現為科技部與衛生福利部。
註二：孫逸仙癌症中心為和信治癌中心醫院前身。
註三：國衛院所有組織建置，均建基於學術諮詢委員會之建議，經過董事會通過，並核報主管機構衛生署。
註四：有關國家型計畫事宜，已有詳文，請見「國家型計畫退場了！——熄燈號後的故事」。
註五：涂醒哲目前為嘉義市市長。
註六：邱文達為衛福部升格後首任部長，於二〇一四年卸任。
註七：論壇諮議員委員如下：楊泮池、葛應欽、余幸司、詹火生、張笠雲、傅立葉、古允文、薛承泰、孫璐西、謝顯堂、李明亮、郭耿南、江東亮、溫啟邦、賴美淑、張美惠、石曜堂、蕭美玲、藍忠孚、李玉春、鄭守夏、李明濱、黃達夫、黃文鴻，以及主席吳成文。
註八：二〇一七年蔡英文政府執政，衛福部依舊支持論壇之運作，更勉力論壇學者往前邁進。

Chapter 3

傳

9. 開闢臺灣癌症醫療新貌——
從腫瘤專科醫師培育到臺大醫學院癌症研究中心

吳成文在回臺之前，已開始為中研院將要成立的生物醫學科學研究所招兵買馬，希望吸引有志回臺的青年俊秀科學家加入臺灣這塊將要開拓的生醫領地，為臺灣在新世紀啟始之前，蓄積科學研究人才，一起挺立成長，能為臺灣的未來闖出一番不一樣的競爭樣貌。他會被譽為「生醫開拓手」，即在於回臺之後以實際作為一路撒種，先見地為臺灣孕育諸多的科研人才，而腫瘤專科醫師便是其一。

時光倒轉到一九八四年，那年吳成文以青壯的四十六歲之齡，當選為中研院生物組的院士，同年與他一起當選的有日後被稱為臺灣癌症教母的彭汪嘉康院士。他們兩人均是臺大醫學院畢業並且專注於基礎研究的醫師科學家。

當時，吳成文已經忙於為臺灣延攬回國的科學人才，進行中研院生醫所的籌備事宜。他常說，自己拿美國的薪水，但有如空中飛人一般橫越太平洋回國工作，風塵僕僕，一年來回五、六趟。這時候他更注意到一件事情，為臺灣的癌症從一九八二年開始已經成為國人的頭號殺手，癌症死亡的人數逐年攀升，然臺灣有關癌症的治療，卻比不上先進國家。

上世紀的撒種遠見——腫瘤專科醫師訓練計畫

那時的美國已經有腫瘤專科醫師制度，且醫院設有腫瘤醫學部參與癌症的診治，在醫院體系針對癌症病患的醫療規劃為以腫瘤醫學部為主，同時與其他科別如外科、婦產科、放射科等搭配。然而在臺灣一般癌症病患，幾乎都是外科手術治療之後，仍由外科醫師施行化學療法，至多為結合放射科醫師，進行放射線治療，在醫療的診治與照護病患權益上，足足落後先進國家如美國幾乎有十五年之久。

這個現象也讓當時進行癌症研究的彭汪嘉康院士、及同為生醫所諮詢委員的曹安邦院士所關注。他們三人覺得臺灣有關癌症的醫療必須建立更專業的體制，而首要之務即在培育腫瘤專科醫療人才。這時於美國國家衛生研究院工作的彭汪嘉康院士建議邀請在美國有內科腫瘤之父的柯本醫師（Paul Carbone）主導進行腫瘤專科醫師的訓練計畫。

柯本醫師的父親為牧師，早年曾在大陸的青島傳播福音，童年的科本隨父親在青島生活，對中國有獨特的情感。他是美國國衛院癌症中心訓練的癌症專科醫師，美國癌症學會會長，德高望重。柯本醫師慨然接受三人的邀約，願意來臺為臺灣的癌症醫療創造新猷。

一九八七年，當錢煦院士回國擔任生醫所籌備處主任之際，吳成文、彭汪嘉康及曹安邦三人，也在美國積極規劃腫瘤專科醫師訓練的細部工作，他們以柯本醫師為首，邀請在美知名的十多位癌症專科醫師，以接力的方式，來臺訓練由各醫學中心推薦而來的內科住院醫師。這些醫師必須接受為期兩年的臨床學習與實驗室基礎研究訓練，三位在美的學人及柯本醫師希望這些學員接受完訓練回到醫院之後，可以成為發育的種子，幫助各醫院提升腫瘤疾病的醫療品質。

腫瘤專科醫師的訓練計畫，其臨床的實務教導為由柯本醫師及邀請來臺的腫瘤專科醫師負責，而在實驗室的研究，則是由當時隨著吳成文回國的鄭永齊及陳映雪兩位教授負責。從吳成文在美規劃到一九八八年回國擔任中研院生醫所的籌備處主任，腫瘤專科醫師的訓練計畫迅即鳴槍起跑。這是臺灣在上一世紀建立癌症專業醫療的重大起始點，吳成文於生醫所時期，腫瘤專科醫師的訓練計畫進行了兩期，第一期訓練了六位腫瘤專科醫師，第二期則有七位（註一）。

這些醫師在受訓完畢之後，必須經過專業的驗證，方能取得腫瘤專科醫師的資格，吳成文自美請來負責腫瘤專科醫師考試的專家，主持學員的專科考試。這些主考官們均驚訝於學員的卓越表現，通過考試的醫師們得到兩張證書，一份是中文，由當時衛生署署長張博雅及吳成文簽署，一份為英文，由柯本及主考的專家簽署。這兩張證書代表學員們具有在臺灣及美國腫瘤專科醫師的資格與能力，自此臺灣癌症的臨床醫療進入了一個嶄新的階段。

二十餘年來，這些醫師均成為各大醫學中心於癌症臨床醫療的骨幹與領導人物，提升臺灣癌症臨床的醫療水準，相對地護衛了癌症病患的就醫權益，影響所及也為臺灣建立了腫瘤專科醫師制度。之後，腫瘤專科醫師的認證模式由衛生署委託癌症醫學會來進行資格考試，所依據的模式，即為當時吳成文於生醫所時代腫瘤專科訓練計畫建立的規範。

敦促臺大醫院設立腫瘤醫學部

建立好的模式必須傳承，尤其是給予所訓練的醫師有機會將其所學回饋給病患，但是這條路還是經過費力的角搏與爭取。

吳成文回憶，訓練完的腫瘤專科醫師回到醫院，面對不知如何安置的窘境，多數的他們回到所屬的內科範疇，在於當時醫院尚沒有腫瘤醫學部，而習如以往的是，在原有的醫院體系下，依舊是外科系統進行手術及執行化療等後續醫療，醫院的生態與文化並沒有隨之改變。吳成文覺得國家耗費了這麼多心力與資源進行了腫瘤醫師的訓練，如果無法實質地進入醫療，形同浪費。

所以他又馬不停蹄地拜會各家醫院，鼓勵其設立腫瘤醫學部。他從南到北，無論是臺大、榮總、三總、成大等醫學院與醫院，一一去說明、一一去溝通，總是希望讓所訓練的醫師在臨床上有所作為。醫院設立腫瘤醫學部，讓腫瘤專科醫師們專心於臨床的醫療與研究，臺灣的癌症診治才有機會往前邁步。

這條溝通的路途並不那麼容易，尤其在具有歷史背景的大型醫院，纏繞著舊文化的習性，難以撼動。

當時臺大醫院的院長為林國信教授，林國信為臺灣血液學的先進，在院長任內獨排眾議，建立骨髓移植病房，他於海洋性貧血與兒童癌症著力甚深，也因為其醫療專長與癌症相關，所以，對於吳成文提議臺大必須成立腫瘤醫學部非常認同。

不過，這樣的建議卻在臺大醫院的院務會議中遭致反彈。反對的聲浪指出，過去已經讓外科體系進行了多年術後化學療法等醫療行為，以其認知，化療並不難，只要拿先進國家（如美國）的數據及建議施行即可。他們拒絕腫瘤專科醫師的介入，認為沒有必要。

院務會議進行多次折衝，過程中也得到臺大醫學院前院長黃伯超的支持與認可，而吳成文的老師有臺灣肝癌之父稱譽的宋瑞樓院士，亦認為臺大必須成立癌症研究中心及在醫院設立腫瘤醫學部，來改進臺大醫院的癌症治療模式。這幾位老師們不顧反對的勢力，協助吳成文奔走，如此齊心齊力努力不懈，終於通過臺大醫院的院務會議，送往校方。

一 拆解阻撓聲浪

然反對的聲浪依舊進入臺大的校務會議，當時的校長為知名的經濟學者孫震。孫校長洞察細微，對於臺灣的癌症醫療與先進國家有如此的差距，非常關注，而他更不解於即令是醫院的院務會議已經通過，在校務會議中，院方代表還是不贊成，孫校長想知道有這麼大反彈意見的背後因素為何。他主動到生醫所會晤吳成文。

吳成文詳細陳述為何進行腫瘤專科醫師訓練計畫的前因，在於過往臺灣各大醫院習以為常的腫瘤醫療方式，往往以外科為主導，已經足足落後如美國等先進國家十多年，除卻積重難返的現況，尚有外科體系長期的認知，認定腫瘤的醫療必須以其為主，要拔除這樣的醫療文化與醫療勢力，其實並不容易，所以需要領導人的堅持與魄力。

吳成文更指出，以臺灣的醫療景況，臺大醫院為公認的領頭羊，設若臺大率先而行，設立腫瘤專科，其他重要的醫療院所在不落人後的良性競爭下，也必直起急追，這對臺灣的癌症醫療是一重大的革新。吳成文說，臺大這一關卡，其實也是臺灣腫瘤臨床醫療的試金石。

孫震校長深深地領悟這一番話，他對吳成文說：吳院士，也許您可以給我來一封信，詳述一下國際上腫瘤醫療的趨勢及實況，及臺灣必須設立腫瘤專科醫師與科別的急迫性，我在下次的校務會議中提供給與會的校務代表，幫助大家做出正確的決定。

在孫震校長的協力下，校務會議終於通過了臺大醫院設立腫瘤專科部門的提案。臺大為國立大學，組織的增替必須上報教育部，不過攸關醫學院的組織變革，教育部依例由其轄下的功能性組織「醫學教育委員會」處理，沒想到的是，在醫教會中，還是有阻擾的聲浪（註二）。

一個攸關病患權益的新部門，因為撼動了原本的醫療生態與所擷取的醫療資源，其引發的效應可以自院方到校方而到中央的公部門。吳成文回想起這一段為民眾健康奔走的過程，常常說道，即使是正確的事情，及大家均認知必須立刻做的，一但與舊有的習性衝突，其反對的力道永遠是施行的最大阻礙。

當時醫教會的主委為臺灣的醫界耆老魏火曜先生，他也是吳成文就讀醫學院時的院長，年高德劭，醫界非常尊敬他。吳成文得知臺大設立腫瘤醫學部於醫教會中遭到困擾，想著，已經努力了這麼久，絕不能功虧一簣，他又親自與老院長一晤，詳述來龍去脈，希望得到他的支持。

全臺第一家整合性癌症醫療中心

說起來這算是臺大的「家務事」，醫院是否成立腫瘤醫學部門與身在中研院工作的吳成文無關，但吳成文就是這麼孜矻不懈地盡力去幫忙及溝通，驅策他有如此的動力在於心中的理念：一是，他覺得臺灣的癌症醫療必須往前跨步，臨床的改革涉及病患的生命權益，必須挑戰不能妥協的堅持；二是，腫瘤專科醫師訓練計畫所訓練的新生代，也應當給予發揮與成就的空間，這其實是吳成文提攜後進的一向風格，也所以他會不畏困阻地去推動與解說。

魏火曜院長除了是吳成文的老師，也是他與陳映雪教授結婚時的介紹人，他是一位認真與堅毅的學者，當年高雄醫學院發生危機之際，曾經慨往高醫整頓校務，是吳成文尊敬的前輩。聽得吳成文敘述臺大醫院設立腫瘤專科醫師的淵源始末，魏火曜教授表示，一定會支持。

身為醫界大老的他也知道，撼動醫院習常的醫療區塊涉及資源的回饋，非常不容易，但他認為吳成文培育腫瘤專科醫師是做「對」的事情，也相信臺大可以成為其他醫療體系的模範；所以對吳成文說道，他一定會鼎力相助，在醫教會中幫助臺大建立腫瘤專科的醫療新部門。

雖不是過五關斬六將的格鬥，但臺大醫院要成立腫瘤專科部門還真是個不容易的過程。經過了許多的折衝與努力，一九九三年臺大醫院的腫瘤醫學部正式成立，一九九四年臺大醫院西址五西二樓腫瘤病房開幕，時任臺大醫院院長已為戴東原教授。

當腫瘤病房成立之日，臺大還特別邀請吳成文致詞。那天老師宋瑞樓院士也說道，如果不是吳成文，臺大醫院腫瘤醫學部及今日病房的成立還在未定之數。期待臺大成立腫瘤病房的醫界長輩及希望臺大醫療能力往前躍進的人皆知，吳成文的確在過程中扮演著重要的幕後推力。

腫瘤醫學部成立數年後，一九九九年教育部核准臺大醫學院成立癌症研究中心。這個以癌症病患為本位的醫療整合性中心，為國內大學醫學院第一個成立的整合性癌症醫療中心，提供了整合性診治，制訂完善的個人醫療計畫，大大提昇腫瘤病患的治癒機會。二〇〇一年臺大醫院更將放射腫瘤科正式納入腫瘤醫學部的編制，放射治療與腫瘤醫學緊密結合的醫療團隊，使受惠的病患隨著增加，臺灣的癌症醫療水準一躍而上。

為臺灣癌症醫療開創新猷

這些均肇始於昔日吳成文及前述的醫界前輩、甚而基礎醫學的科學家們，無論是已經謝世的柯本醫師、曹安邦院士、魏火曜院士、宋瑞樓院士、林國信院長，及今日依舊在醫療領域活躍的彭汪嘉康院士、戴東原教授等人的遠見，他們有人訓練腫瘤專科醫師，有人協力推動組織變革，一起為臺灣癌症醫療建立了里程碑。

當年生醫所所培育的腫瘤專科醫師，現在均成為各大醫療體系的領導人物。如臺大醫院的鄭安理醫師曾擔任腫瘤醫學部主任，現今為臺大醫學院癌症醫學中心（註三）院長；陳立宗醫師為國衛院癌症研究所所長、張俊彥醫師為成大醫學院院長、劉滄梧醫師為臺灣癌症臨床研究合作組織（註四）主任及國衛院癌研所副所長、蘇五洲醫師為成大癌症中心主任，王正旭醫師為基隆長庚醫院癌症中心主任；而其他的醫師們也在所屬的醫療體系擔任重要職務。

這些醫師們為臺灣開展出一條癌症病患的希望之路，即如吳成文當年在幕後促動臺大腫瘤醫學部的用心，一直到臺大設立癌症中心。證諸今日，各大醫院也紛紛成立整合性的癌症中心，看來他當年的堅持沒有錯，而他為臺大奔忙的這段回憶，吳成文說，看到各家醫院今日對癌症病患的照護與不斷進步的醫療能力，一切都值得。

註一：一九八八年第一屆腫瘤專科醫師訓練名單為：鄭安理、謝瑞坤、季匡華、王成俊、張俊彥、劉滄梧。一九八九年第二屆名單為：洪瑞隆、樊聖、邱宗傑、王正旭、蘇五洲、鄭鴻鈞、陳立宗。

註二：目前醫學教育委員會已經併入高等教育評鑑中心。

註三：臺大醫學院癌症醫學中心，為二〇〇七年企業家郭台銘捐款一百五十億元給臺大醫學院，計劃成立癌症醫療中心與質子（proton）治療中心，為以「非營利、公益性質之醫療合作案」，期待發展成為國際一流的專業癌症醫院，以最先進的醫療設備嘉惠國人。

註四：臺灣癌症臨床研究合作組織（Taiwan Cooperative Oncology Group，簡稱TCOG），建立於一九八九年，為我國第一個多中心臨床試驗網絡，涵括臺灣二十餘家醫院，及九十五％的癌症病床。TCOG建立同一癌症治療方法的院際臨床試驗合作模式，進而樹立臨床試驗嚴謹之品質管控制度，本合作模式為我國未來發展臨床試驗醫療生技產業重要的效能組織，亦曾被西方醫療先進國家譽為亞洲最優質的臨床試驗網絡。

10. 前人不遠，典型永存——成大醫學院其人、其事、其史

成大醫學院是上一世紀八〇年代政府十四項重大政策之一，當時成大校長夏漢民教授積極爭取在南臺灣設立醫學院，希望平衡南北的醫療差距，而成大醫學院也是政府在臺所建立的第一所國立大學醫學院。一九八二年，美國喬治華盛頓大學的黃崑巖教授接受夏漢民校長的邀約，回國參與成大醫學院暨醫院的籌設工作，一頁南臺灣醫療體系更新的歷史於焉展開（註一）。

懷抱理念，具學術見地的創院院長

黃崑巖教授成為成大醫學院的創院院長，他在臺大醫學院比吳成文高五屆，畢業後赴美。求學時的吳成文與他並不相識，但回國之後，初設立的成大醫學院在黃崑巖教授的帶領下，興辦得有聲有色，吳成文自然而然認識了這位早他回國的學長。

在吳成文的印象中，黃崑巖教授有見地、有理想，風度翩翩，能言善道，同時熱心提攜後進。成大醫學院的建築在醫界素孚好評，很能反映出黃崑巖教授講究美學的藝術品味，及他時常呼籲教育內涵必須與外在風華相輔相成的特質，而這些細微的理念在黃教授的諸多著作中，已可見一斑。

當年黃崑巖教授延攬許多年輕人回臺，如張文昌、黎煥耀、吳華林、林銘德等人，他們在學術上均相當出色，張文昌爾後還當選中研院院士。吳成文回臺後與成大醫學院的幾次接觸，對這批返鄉青年俊彥印象深刻，進而瞭解些許黃崑巖在成大醫學院期待埋下堅實研究基礎的心力，這也是日後國家衛生研究院成立，與成大有諸多學術合作的前因。

生醫所時代的吳成文第一次與成大學生互動，是黃崑巖教授邀請他擔任學生研究計畫的評審。成大醫學院因著一批自國外回臺年輕學者的努力，鼓勵學生進入研究領域，學習獨立思考，也在黃崑巖的主導下，每年讓大學部學生進行研究計畫與成果報告，再邀校外知名的學者評審，以激勵學生於學習過程中的創新思索。

吳成文非常賞識參與學生的表現，擔任評審的那年，有對夫妻檔學生非常卓越，分別獲得第一名與第二名，這對夫婦得獎之後，還曾經一起到臺北與吳成文會晤，希望進入吳成文的實驗室，但吳成文認為夫妻並不宜在同一個地方，只收其中一位洪澤明進自己的實驗室，另一位陳玉玲後來到臺大發展。現在兩位均是成大醫學院的教授級學者，他們兩人在求學階段已經對學術研究情有獨鍾，其實也是成大醫學院於黃崑巖教授帶領當時的年輕學者團隊所撒下的學術種籽。

成大醫學院因為踏出學生研究計畫的第一步，所以當「美國在華醫藥促進局」（American Bureau for Medical Advancement in China，簡稱ABMAC）在臺執行長Hope Philips得到一筆來自先靈藥廠的捐款（註二），創辦一個新穎的暑期醫學系學生研究計畫，特地邀請黃崑巖教授協助主持。吳成文也曾擔任這個研究計畫的評審委員，對這個暑期的研究計畫印象非常深刻，認為是幫助醫學系學生及早挖掘自我學術性向的絕佳機會，他衷心期待暑期計畫能延續不斷，此亦是日後吳成文以其所創立的基金會接手本暑期計畫之故（註三）。

這些都是吳成文回國之後，對黃崑巖教授勉力帶領成大醫學院成長的印象。不可諱言，成大醫學院創立後數年內在學術及教育上有著獨樹一格的表現，與黃崑巖教授的風格有關，成大醫學院有今日的堅實基礎，是謝世後黃崑巖教授不容抹滅的榮譽（註四）。

李國鼎留下黃崑巖的一段軼事

因為上述學術活動之故，吳成文漸漸地與黃崑巖教授熟稔起來。而有一次讓吳成文意外的是，黃崑巖教授自臺南來訪，希望吳成文為成大醫學院找繼任的院長人選。他對吳成文說，帶領成大醫學院已經一段時間了，他的經驗與理念也做得差不多了，總覺得應當交棒，讓成大醫學院挑戰另一個成長高峰。黃崑巖教授把這個重任交給吳成文，請他務必幫忙。

那時成大校長夏漢民調任國科會擔任主委，新任的校長為工學院的馬哲儒教授，馬校長也請吳成文協助尋找接手的醫學院院長人選。吳成文接獲這麼一個不容易的請託，著實讓他費心了一陣子。之後，吳成文想起了在紐澤西州立醫科大學遺傳醫學科主任、也是臺大醫學院學長的李明亮教授，吳成文與他在臺大就學時就是好友，兩人還共同發表了第一篇學術論文，巧的是李明亮教授還是台南人。

吳成文當下去電美國李教授家中，徵詢他回國的意願。其實在上一世紀有許多留美的學者，懷著強烈回饋家鄉的心思，李明亮教授即是其中一位。日後他回臺還擔任過慈濟大學創校校長及衛生署署長，不過有關成大醫學院的這段故事，倒是鮮為人知。

李明亮也期待回家鄉有適任的工作機會，所以應允回臺一趟，以瞭解更多成大醫學院的實況。李明亮回國到成大與馬校長相談甚歡，馬校長認為李教授會是接替黃崑巖教授執掌成大醫學院的最佳人選。吳成文欣慰於為成大找到了一位名實相符的學者回臺。李明亮返美之前也到生醫所的辦公室對吳成文說，回去之後準備遞交辭呈，因為終於可以回到臺灣，為家鄉做些事情了。

不過，黃崑巖要自成大醫學院下任的消息一出，卻引起了科技層峰的關注，其一即是延攬黃崑巖教授回臺時任國科會主委的夏漢民教授。夏漢民教授認為成大醫學院才起步，這時正是要用到黃崑巖教育理念的時刻，黃崑巖切不能率爾離去。為了要留下黃崑巖，夏漢民做東請了當時的科技大老李國鼎、馬校長、吳成文。吳成文在赴宴時才知道是為了黃崑巖教授的事情。

席間，李國鼎說話了，他說，黃崑巖是個人才，若是離開成大太可惜了。看得出來，李國鼎及夏漢民認為黃崑巖必須留任成大醫學院。李國鼎是上一世紀主掌臺灣科技與產業政策的大老，一言九鼎。吳成文意會到這席宴會的重點了，因為馬校長在情理上無法拒絕李國鼎的要求，而李明亮教授是他好意推薦的，所以如何回覆李明亮自然又是他的任務了。

當夜，吳成文再次致電在美的李明亮教授，對他說，高層出面慰留，黃崑巖應當不會離開成大了。李明亮教授這趟回鄉的路沒有成行，但吳成文知道老友想回家的心願，這也是爾後當吳成文得知慈濟要創辦醫學院之際，向證嚴上人推薦李明亮教授的原因，當然這是後話了。

國衛院時代黃崑巖的貢獻

再次與成大醫學院互動是吳成文為了要成立國衛院，在全省舉辦百餘次說明會，臺南的成大醫學院自然是個重要據點，不過在成大醫學院與醫學界座談之際，黃崑巖對於國衛院的設立卻持有保留意見。黃崑巖的擔憂是，成大醫學院地處南臺灣，本來在國際上攬才就非常不容易，而北部的國衛院成立之後，必定會形成人才的排擠效應，多數優秀的人力將集中北部，對成大醫學院的發展更是不利。

吳成文知道黃崑巖擔心成大醫學院長程的發展，所以對黃崑巖說道，成大醫學院在基礎研究上已經下了許多心力，也有紮實的基礎，未來國衛院成立之後，與南部學術重鎮的成大醫學院合作將是必然的趨勢，成大絕對不會因為地理的因素而受到影響。這席話的確不是空談，國衛院日後與成大攜手打了幾場漂亮的學術戰役，而當年黃崑巖轉而支持國衛院的設立，也在於相信成大與國衛院的合作，對於臺灣及成大絕對是加分的勝數。

一九九六年國衛院延攬國際知名研究干擾素的科學家何曼德院士，回臺擔任臨床研究組組主任（註五），希望針對臺灣在臨床上急迫與重要的醫療問題提供解決之道，何曼德院士所選的第一個研究重點即為感染症。當時國內臨床的病毒研究缺乏，而成大醫學院因在一九九五年曾經邀請耶魯大學病毒學家熊菊貞教授來臺指導研究事宜，並催生成大的病毒實驗室，這段因緣也是日後國衛院與成大有著諸多合作的啟始，在成大醫學院成長的歷史上，值得一書。

黃崑巖教授於成大退休後來到國衛院，這是當時擔任國衛院院內處處長張仲明教授的建議。巧的是，在黃崑巖教授榮退紀念會中，成大也邀請吳成文前往致詞。這是個絕佳的機會，那天吳成文與張仲明一起去到成大，會後，吳成文對黃崑巖說道：學界均知道你對臺灣醫學院教育有很大的貢獻，現在國衛院設立了，除了學術研究之外，將來也需借重你的長才規劃國衛院永久院區的設計與建築，國衛院期待你的參與。

一番話尚不盡意，沒想到黃崑巖教授灑然一笑說，就算他不到國衛院，國衛院永久院區的建築，是國內醫界的大事，他是管定了，一定要去幫忙。一九九九年二月，黃崑巖教授自成大醫學院退休，隨即到國衛院赴任。黃教授為微生物學者，他到何曼德院士所組織的臨床研究組擔任副主任，由於國衛院所有主管均是科學家兼任，也必須要有自己的研究計畫，黃崑巖希望對中國傳統的醫療以科學方法進行研究，進一步確認其功能，他選擇針灸為研究主題，只可惜這個研究計畫在當時尚不成熟的環境下，中途結束了。

黃崑巖到國衛院之後，發揮了他多方面的長才，他為國衛院永久院區建築委員會主委，從建築草圖開始逐一推敲。國衛院的設計以前瞻五十年的發展為思索，更考量到環境的永續規劃，國衛院竹南永久院區的落成，黃崑巖教授的用心值得感念。此外，在何曼德院士退休回美，代理組主任職務，一直到新任的組主任蘇益仁教授到任，穩定了臨床組的研究暨行政事務。

黃崑巖教授對國內醫學教育另一個重大的貢獻為在教育部委託國衛院成立「醫學院評鑑委員會」（Taiwan Medical Accreditation Council，簡稱TMAC），進行醫學院獨立暨定期評鑑，幫助臺灣的醫學教育獲得美國NCFMEA（National Committee on Foreign Medical Education and Accreditation）認同我國的評鑑制度與美國可相評比（comparable），為臺灣建立了一個可與國外接軌的評鑑制度（註六）。

守護生命健康，成大醫學院輝煌的學術成就

吳成文帶領下的國衛院與成大醫學院最佳的合作互動自一九九七年開始，即國衛院支持成大醫院的病毒實驗室。

成大醫院病毒實驗室的工作由王貞仁教授主持，耶魯大學的熊菊貞教授每年來臺指導一個月。這個病毒實驗室在一九九八年臺灣爆發腸病毒疫情時，率先確定為腸病毒七一型，並於一個月內完成定序工作。以科學研究找出病因，也讓成大的病毒實驗室成為臺灣甚而世界上有關腸病毒研究的學術先驅。

而即令在二〇〇三年世界爆發緊急呼吸道感染症候群（SARS）疫情期間，該實驗室也協助SARS病毒的快速診斷，進而提供防杜社區感染的防疫建議給政府。這些均是國衛院與成大攜手合作後，除了學術上的亮點外，對國人健康把關的實際作為。

不過國衛院與成大學術合作除開維護國人健康，甚而拓展到國際上的學術支援與互動。二〇〇一年，吳成文接獲當時任職於洛克斐勒大學研究登革熱國際知名的學者Scott Halstead教授的來函，他邀請吳成文參與世界衛生組織（WHO）將在越南胡志明市所舉辦的登革熱學術研討會。吳成文雖與Scott Halstead在美國已經相識，但這封邀請函卻讓他有些納悶。

吳成文隨即致電對Halstead詢問道，自己並不曾研究登革熱，為何要請他參加研討會？Halstead說明，為了這個WHO重要的學術會議，他研讀了過去幾年來在國際知名學術期刊有關登革熱的學術論文，精選出十篇，發現其中有六篇來自臺灣，且都是由國衛院支持的學術研究計畫。因為吳成文為國衛院的院長，想當然爾，Halstead才會邀請吳成文參與研討會。

聽聞完這一段話，不禁讓吳成文莞爾，他知道這即是國衛院院內處支持的學術計畫。當年國衛院成立之際，吳成文及國衛院的學術諮詢委員會認為國衛院必須針對臺灣重要的醫衛問題結合醫界積極研究，因此由院內提撥計畫的經費預算，支持成大醫學院黎煥耀教授進行登革熱的學術研究，幾年來研究成果斐然，自流行病學、臨床診斷、病毒基因，以及感染後的細胞反應等諸多範疇，領先了世界他國一大步。

這場由WHO舉辦的重要學術會議，吳成文不克參加，由國衛院的張仲明教授及成大的蘇益仁教授、黎煥耀教授代表出席。由於會議地點在胡志明市第一兒童醫院，三位參與學術會議的科學家趁機瞭解醫院對登革熱病患臨床上的處理情形，發現即令越南那時際醫療的設備不夠先進，但是醫師的臨床經驗足，臨床的診斷相當精確，也才知道WHO選擇在越南召開研討會的原因。

因著這場研討會，及科學家們體認感染疾病已經有跨國化的趨勢，開啟了臺灣與越南登革熱與其他新興感染症的合作。透過成大病毒實驗室及登革熱實驗室的支援，在越南成功複製了熊菊貞教授模式的病毒實驗室，與越南攜手進行有關感染症疾病等之研究，大幅提升越南在臨床研究上的能力。

臺灣的外交景況窘迫，過去國家曾經進行農業外交、醫療外交，以求廣結友好邦國，國衛院與成大醫學院在越南是更上一層樓的學術協助。學術的整合及規劃雖是以國衛院為主，但成大醫學院卻扮演著關鍵性的功能，因為這是就成大的學術基礎往上延伸的成績。

令人感懷的是，曾經協助成大病毒實驗室的熊菊貞教授，及登革熱實驗室的黎煥耀教授也相繼故去（註七），書寫這段成大醫學院的成長歷史，吳成文期待成大醫學院莫忘前人耕耘的心力，而能薪火相傳、再接再厲。

癌症研究中心一段曲折的故事

國衛院與成大醫學院還有其他在學術互動上的接連。二〇〇三年癌症防治法立法通過，第十條明文規定國衛院應設癌症研究中心，辦理並整合與癌症有關之各項研究與治療方法、診斷技術、治療藥品等之開發及臨床試驗。這個法案點明了國衛院癌症研究的角色功能，而設立國家級的癌症研究中心成為當務之急。

新世紀的國家財政狀況不同以往，已經漸次吃緊，國衛院要成立癌症中心的預算闕如，吳成文為了癌症中心的預算曾多次拜會當時衛生署的前後任署長涂醒哲與陳建仁，他們也答應就政府逐年增高的菸稅中，提撥定額作為學術與臨床醫療研究之用，不過囿於政治現實，一直無法如願。

倒是國衛院因著癌症防治法的規範，必須設立癌症醫院的消息一出，成大醫學院即積極爭取。這是有典故的，在於癌症防治法於法案進入立法院的議程之際，來自臺南也是成大醫學院畢業的賴清德醫師，為立法院的新生代委員，他一力敦促法案的通過，賴清德也期待成大醫學院未來在癌症研究中心得以扮演出角色功能（註八）。

其實癌症研究中心的設立地點並不是吳成文決定的，國衛院的運作方式有一定的學術程序，由來自國內外一流學術研究機構的重量級學者所組成的諮詢委員會，這群學者因在研究領域擁有資歷與學術經驗，所以得以拔升高度視野，為國衛院各個研究單位提供慧見。吳成文一向尊重諮詢委員會的建議，不曾以院長的姿態介入委員們的決定，他期許國衛院的學術研究能站在專家的肩榜上，往更高的境界躍進。

國家癌症中心之設立地點亦然。而這同時，曾擔任衛生署署長下任之後回到奇美醫院的詹啟賢，也透過管道邀請吳成文往奇美醫院一趟，言明奇美希望國家癌症研究中心的進駐。當然詹啟賢也知成大醫學院擁有學術實力，競爭的態勢明顯，但他依舊極力爭取，表示出奇美醫院勢在必得的決心。

當諮詢委員會經過實地訪查之後，建議出爐了，出乎意料之外，雀屏中選的不是成大或奇美，而是國醫中心。這關鍵的決定因素在於，軍方的國醫中心學術能力不弱，過去曾培育許多留在國內發展的學術人才（註九），且位於內湖的國醫中心面積遼闊，國醫承諾提供土地給國衛院未來興建癌症研究醫院所用。委員會認為醫院的興建為國家癌症中心設立之後長治久安的基礎，有醫院的臨床支援，學術方能長久，所以在上述諸多周觀之思索下，選擇了國醫中心。

不過，在吳成文國衛院院長下任之後，國衛院結束與國醫中心的所有學術研究合作計畫，癌症研究中心的規劃自然停板，國衛院目前癌症中心醫院的規劃尚未執行，殊為可惜。

統一健康大樓——南臺灣的臨床研究中心

倒是國衛院與成大的學術研究，並不因為癌症研究中心的設立事宜而受到影響。二〇〇一年當何曼德院士退休返美之際，國衛院即積極尋找繼任的科學家人選，而眾裡尋他千百度，那人正在燈火闌珊處，新任的臨床研究組組主任蘇益仁教授與成大病毒實驗室頗有淵源。蘇益仁教授為病理學家出身，其專業學門涵跨血液病理、腫瘤病毒等，在成大設立病毒實驗室時，那時身在成大的蘇益仁教授即帶領病理部的年輕科學家完成腸病毒七一型的定序工作。

國衛院尋找蘇益仁接替何院士之際，蘇益仁期待在接獲聘任後，未來可在臺南成大與早年所培育的病毒實驗室團隊一起合作。蘇益仁這個提議，促動了吳成文向統一集團創辦人高清愿先生募款，在成大校區興建統一健康大樓的一段因由。

吳成文提請高清愿先生捐款事宜，其實最早與癌症臨床中心的設立有關。在成大校方積極爭取國衛院國家癌症中心之刻，有關癌症研究中心醫院的規劃，無論對於成大或是國衛院都是一筆需要投注的資源，吳成文想著假若來日癌症中心設於成大，地處臺南，我國最大的食品王國統一公司若能捐資匡助，會是企業回饋鄉里的好機會。

於是吳成文特地往臺南與高清愿先生一晤，提及興建癌症研究中心醫院事宜，高清愿先生認為這對臺南及臺灣都是一件有意義的事情，他慨然同意表示將來癌症研究中心若確定設於成大，將以統一的名義捐款興建癌症醫院。然高清愿先生的美意並沒有實現，據悉當時成大醫院腫瘤部主管有不同的意見，這個捐款計畫自然淡了下來，而此事件也間接造成委員會決定將國家癌症研究中心選在國醫中心。

不過，「山重水複疑無路，柳暗花明又一村」，當蘇益仁希望為臨床組擴基到成大，臨床組的研究下移必須要有安置的地方，於是吳成文想起了高清愿先生曾經的允諾。他再次南下臺南，與高清愿先生會面磋商。吳成文提及，藉助這一個機會，國衛院主動積極爭取國家的資源南移，未來在統一捐資興建大樓裡奮力研究的科學家，其責任為解決影響國人健康重要的感染症疾病問題，統一企業的參與絕對是企業的榮耀。

這是國衛院南部臨床研究中心——統一健康大樓，在統一企業集團捐資興建的一段學術機構與企業合作的美事，統一捐助兩億五千萬元興建地下一層、地上五層的建築，每個樓層約五百坪，成大亦提供五千萬元為硬體設備，於二〇〇六年正式落成並啟用。國衛院與吳成文均希望，統一健康大樓得以結合並培植國際上最秀異的感染症學術暨臨床研究人才，提供重大疫情防治的能力，以成為世界級感染疾病重要的研究中心為標的。

統一健康大樓建於成大，當然與成大的合作至為重要，這棟大樓也是與成大學術研究計畫的最佳媒合，現在除了感染症研究所（臨床組後更名並成所），國衛院的癌症研究所也南下臺南，兩個研究所與成大均有緊密的臨床研究計畫。兩個學術單位的國衛院、成大醫學院，與企業有如此美好的合作果實，其實根基於成大醫學院的學術傳承，及國衛院在建院之際，吳成文對臺灣生命科學學術界的洞見。

期許在前人的典範下不斷成長

這是吳成文常說的，臺灣幅員有限、資源有限、人才有限，於世界科學競爭的舞臺上，必須學界通力合作，同時找到自己的關鍵優勢，這樣才能讓臺灣在世界舞臺站起來。

成大醫學院病毒的研究中，因為創院院長黃崑巖教授微生物學的背景，及跨海國際知名科學家熊菊貞教授的襄助，建立了基礎，之後在國衛院臨床組何曼德院士的慧眼中，成大病毒實驗室藉助國衛院的資源，壯碩成長，一起與國衛院攜手，除了為國人感染症疾病把關之外，更進一步對外輸出成功經驗，幫助鄰近的國家如越南，完成新興感染症疾病合作計畫的階段任務。這棟統一集團捐資興建的健康大樓，見證了成大醫學院與國衛院合力胼手胝足耕耘南臺灣臨床醫療研究的一頁發展史詩。

吳成文自國衛院院長下任之後，二〇一〇年獲聘為成功大學李國鼎講座教授。其實多年來，吳成文為成大校務發展委員會的委員，常有機會前往成大會議，無論是成大申請教育部「發展國際一流大學及頂尖研究中心計畫」的規劃，甚而參與成大為普及科學知識所舉辦的「週日閱讀大師」科普講座等，每有事宜相約，他一如以往地盛情與會。

每一回到成大，吳成文總會想起自回國之後，那一張張曾經相識友朋的面龐，以及已經站立起來的科學家。現在的成大醫學院院長張俊彥教授，還曾經是在臺南統一健康大樓工作過的國衛院癌症研究所所長。吳成文無論是於生醫所或是國衛院時期，與成大所有的學術情誼，都衷心期待擴展南臺灣臨床醫療的學術能力，並以曾經是國衛院大家長的身份，創造一個學術研究相輔相成的成功模式。

這份理念是，以臺灣最獨特的本土疾病（如登革熱），或是最急迫的醫衛問題（如感染症）出發，整合國家的資源（如成大結合國衛院），邀請國際上知名的科學家（如熊菊貞、何曼德）一起來帶動研究水平、轉介學術經驗，培育年輕的科學新秀站起來。大家共同協力成長，不僅拉提了學術研究的能力，解決國人重要的醫衛問題，未來還能藉此開發醫衛相關產品，厚實國家的經濟競爭能力。

吳成文腦海中的緬懷，回憶著成大醫學院在昔日的步履下一路成長，他期待成大醫學院不斷跨越輝煌，擴衍一向亮麗的學術境界；因著成大醫學院的創立理想，及因著曾在成大醫學院燃燒過生命的前輩；因為前人不遠，典型永存。

註一：有關成大醫學院創建始末，詳見《黃崑巖回憶錄》（聯經出版社）。
註二：美國先靈藥廠已於二〇〇九年為另一個美國藥廠默克（MERCK）所併購。
註三：有關「醫學系學生暑期研究計畫」事宜，詳見本書另文。
註四：黃崑巖教授二〇一二年於美國寓所仙逝。
註五：何曼德院士於二〇〇一年六月退休，於二〇一三年逝世。
註六：醫學院評鑑事宜，詳見本書「改革臺灣醫學教育質性的醫學院評鑑」乙文。
註七：熊菊貞教授二〇〇六年仙去，黎煥耀教授於二〇一二年因病逝世。
註八：陳建仁為現任（第十四任）副總統，賴清德二〇一〇年十二月～二〇一七年九月擔任臺南市市長，二〇一七年九月轉任行政院院長。
註九：詳見本書「臺灣生命科學人才培育的搖籃——國醫生命科學研究所」。

11.見證陽明的成長歷史——陽明大學校長風雲榜

這是個很年輕的大學，創立於一九七五年，校訓為「真知力行，仁心仁術」，創校宗旨為希望培養具有愛心的優秀醫生，得以在來日解決偏遠地區的醫療問題。

它是陽明大學，設立於石牌的山丘，與臺北榮民總醫院相倚相望，始創之際為醫學院，一九九四年成為第一所以醫學為主的綜合大學。這所年輕的大學，沒有宏偉的校區，沒有寬闊的腹地，但卻馬力十足，在學術上足以與醫界的龍頭老大一較短長。

當年陽明大學的設立負有使命，為希望畢業的醫學生深入臺灣各鄉間，解決偏遠地區的醫療缺損。而在階段性任務完成之後，陽明一路挑戰學術高度，成立短短的二十年後，即可與臺大相提並論，吳成文認為這是歷任陽明大學領導者用心經營的成果。

陽明創院的院長為韓偉教授。韓院長是國防醫學院赴美的公費生，在美取得賓州大學生理學博士，因其擔任中原理工學院院長之辦學與行政能力卓著，獲聘為首任院長。創校不易，陽明始建之初，在儉樸中與榮總唇齒相依，學術與臨床一步一步地成長，直到一九八四年第二任院長于俊教授接任，漸次站穩的陽明，積極爭取教師員額的編制及設立儀器中心，于俊院長以平實的風格，希望把陽明的根基打得更深。

吳成文在美為中研院分生所與生醫所的籌設事宜四處奔忙之際，已與國內的學者有所互動，例如日後擔任陽明醫學院院長，同時幫助陽明升格為大學的韓韶華教授，就是分生所的諮詢委員。

推薦韓韶華教授給教育部長

一九八八年吳成文回臺擔任生醫所籌備處主任，對於陽明與榮總合作之後，雙方的學術與醫療能力快步上揚的印象甚深。當年陽明與榮總的青壯學者（註一），如張仲明、胡承波、蕭廣仁、周成功、吳妍華等，均已相當活躍，而帶領這批年輕人的即是韓韶華教授。

韓教授為美國華盛頓大學免疫學博士，他雖有軍職，然其人溫厚和睦，謙沖書雅，吳成文知他在主掌榮總醫研部之醫學研究，不僅提升了榮總的學術水準，更訓練出許多優秀人才，因而對韓教授的學術與管理能力至為折服。

一日，吳成文接獲教育部長毛高文的電話。那時，所有大學校長及公立的獨立醫學院院長均由教育部長任命。部長來電為詢問一位可能即將任命為陽明醫學院院長的人選，毛部長對他的印象不弱，但總覺得無法判斷他的學術行政能力，所以想詢問吳成文是否與之相熟。吳成文表示，他與這位學者並不熟識，然陽明醫學院院長是個重要職務，草率不得，吳成文說他可以幫忙代為徵詢。

於是吳成文積極打聽，包括臺大、國防、榮總，甚而是陽明內部許多學者的意見，希望對這位未來可能的院長人選多做瞭解。沒有料到的是，大家對於部長面試的學者，雖沒有不好的評價，卻多數推薦韓韶華教授，認為他最有能力讓陽明再上一層樓。吳成文火速地把所知訊息如實告知毛部長。

那時星期六的上午仍要上班，毛部長當時有一些著急，因為依據教育部的規劃，就是當天要宣布陽明醫學院院長人選。吳成文對部長說，陽明醫學院的院長是醫界指標性人物，也涉及未來陽明的發展，既然大家均推薦韓韶華教授，建議部長不妨抽出時間與韓教授談一談，何況，星期六宣布或延遲一、兩天，在下星期宣布的差異性不大，但是對陽明的意義卻大不同，重要的是，要找到一位領導陽明最適當的人選。

這番話毛部長聽進去了，當天下午隨即約到韓教授細談，而星期一教育部宣布的院長人選即是韓韶華，吳成文的熱心為陽明找到一位好院長。韓校長任內致力完成多項建置，如陽明改制為大學，制訂學校中、長程發展藍圖，及校園整體規劃等，直到一九九六年卸任。

陽明醫學院升格為大學

韓教授於陽明上任之後，隨即到中研院與吳成文一晤。適值中研院院士會議後不久，中研院因限於組織法無法招收學生，這對擁有全國最好學術人才的最高研究機構來說，若無法培育新秀，就是國家的損失。所以那年的院士會議決議，希望中研院創造機會跟大學合作，來孕育新生代的科學人才。這個責任落在吳成文身上，為此，他對來訪的韓校長提及，中研院是否有與陽明合作的可能。韓校長非常熱心，曾經極力希望促成雙方合作，可惜的是無法在陽明校內取得共識而作罷（註二）。

雖說中研院與陽明的合作功虧一簣，但吳成文自此與韓校長熟識，常有互動往來，那時候，張仲明教授擔任陽明的教務長，他與韓校長攜手希望陽明改制升格為大學。有如此重要的決策思索，一日，韓校長與張教授連袂來訪，期盼知道吳成文對於陽明改制的意見。

吳成文的建議是，如果升格為大學，人力與資源的增加為重大關鍵，若仍是維持現狀而無法增加資源的話，那就必須謹慎考慮。

不過，陽明還是在一九九四年改制為大學，也許當時韓校長與張仲明教授認為升格為大學之後，較為容易爭取資源。這個策略化的思索幫助陽明成為一般性大學，那時陽明已有三個學院，為醫學院、護理學院、公衛學院，所以陽明日後除了醫學相關如生命科學院、牙醫學院等之外，還有彈性地成立人文與社會科學院。然也因為改制成為大學之際的資源沒有到位，相對地影響及陽明的發展。

巧合得是，他幾乎全數參與了陽明之後幾任校長的遴選，也因此，親身觀看陽明隨著教育生態改變的更迭軌跡，進一步見證了臺灣高等教育興革的一頁歷史。

陽明當年的設立與榮民總醫院有關，不過這兩個重要的學術與臨床機構，卻多少存在微妙的互動關係。以榮總的角度言，陽明的創設是因為先有了榮總，也隨著榮總而壯大，但是陽明認為榮總可以快速發展是因為陽明的學術提昇。不同的角度有不同的思維，難免需要磨合。

多年來，陽明所有臨床教授均是榮總的醫師與校方合聘，但醫院體制與學校不同，醫院的主任教授級醫師其任期較有彈性，反觀學校行政職務如系主任等職，任期一到，則須易人，如此體制不一，就是雙方需要體恤與修正之處。

期許「榮陽」相生相長，張心湜出任校長

而為了彼此有更好的互動，榮總與陽明也多次努力，例如醫學院院長與副院長等重要行政主管，常由榮總系統重量級臨床教授擔任。多年來榮總與陽明雙邊不斷努力，就是希望雙方密切合作，更能加乘地創造出閃亮的「榮陽」團隊。

韓校長下任之後，大學校長的遴選已經修改為由學校成立遴選委員會，遴選出校長的候選人，之後送交教育部，再由教育部成立的遴選委員會圈選出校長人選；亦即，教育部長已經將任命校長之權限，交由學校及教育部的委員會執行。這一次，吳成文在教育部的遴選委員會中。

學校送交兩位校長候選人，一位是國外知名的科學家，學術地位卓著，不過當時教育部的委員會除了候選人學術成就的考量之外，還慮及未來的校長人選必須努力融合榮總與陽明的合作關係，最後決定由來自榮總的外科部主任張心湜就任陽明改制後的第二任校長。

吳成文知道，對張心湜校長來說，這不是一個輕鬆的任務，張校長在其任內非

常努力，例如：推動醫學教育制度改革PBL的學習研討教學（Problem-based learning/Project-based learning），及積極與企業互動推動建教合作案等，是一段陽明改制為大學之後的蛻變思維。

三年後，張校長決定不續任，陽明必須啟動遴選機制，尋找新任校長。這次吳成文又被聘為陽明校長遴選委員會的委員。這次遴選的結果，由曾志朗教授擔任陽明大學第三任校長。

說起曾志朗教授，吳成文也與他有一段淵源。曾志朗為美國賓州州立大學認知心理學博士，回國不久後於中正大學擔任認知科學中心主任，之後再任社科院院長，於一九九四年當選院士。那年在中研院新當選院士的學術演講中，吳成文對其跳脫傳統心理學的模式，以科學方法研究大腦的認知領域，印象深刻。不過，那時際吳成文與曾志朗院士並不熟悉。

就任一年，曾志朗校長跨足政界

那時榮總預備購買國內的第一部MRI（Magnetic Resonance Imaging，核磁造影），這是上一世紀採購臨床醫療先進儀器設備的大事，因其購價不菲，榮總相當謹慎，設立一個儀器審查委員會，而吳成文適為審查委員之一。他建議如要購置這麼貴重的儀器，除了臨床的醫療用途，可進一步推動相關研究，例如方興起的腦科學研究，在物盡其用的考量之外，也能幫助榮總跨入大腦研究的新領域。

他的提議得到其他委員的認同，但研究必須要有專精的人才，這時吳成文想起了不久前方選上院士的曾志朗教授，所以，在會中推薦了曾志朗院士。這即是爾後曾志朗院士受邀自嘉義中正大學北上，於榮總教研部主持核磁照影研究的緣由。

也因為曾志朗在榮總進行研究，張心湜校長在任時，邀請曾志朗擔任陽明的副校長。一九九七年，曾志朗接下陽明大學副校長乙職，匡助張心湜校長的學術行政要務，當張校長決定不再續任之際，即由曾志朗代理校長職務。

吳成文常說，他跟陽明歷任的校長特別有緣，這時他為校方遴選委員會之委員，重責大任當然是為陽明找一位新校長。他認為曾志朗院士學術、行政能力俱佳，兼之對陽明的校務已經熟稔，論學識與資歷，曾志朗院士絕對是不二人選，既然有好的人才在陽明，對內舉才勝過曠日廢時向外搜尋，於是在會中將自己的意見告知其他委員。遴選委員們也同意吳成文的想法，大家一致贊同推薦曾志朗院士。一九九九年，陽明新任校長出列，曾志朗院士成為陽明改制後的第三任校長。

這一年也是臺灣政壇風起雲湧之刻，二〇〇〇年政黨輪替，陳水扁當選總統，新政、新局、新內閣，綠色執政希望向學界借將，曾志朗校長在時任中研院院長李遠哲的推薦下進入內閣擔任教育部部長。曾志朗於是踏入政界，這時候，陽明又面臨遴選校長的景況了。

遴選新校長的轉折意外

這一次，吳成文是教育部遴選委員會的委員。陽明公告遴選校長事宜，那時在美國德州的李文華院士有意回臺貢獻所學。李文華院士為一九八六年發現人類第一個抑癌基因——RB基因而知名，並於一九九四年與曾志朗同屆當選中研院院士。李文華院士願意回臺，陽明大學刻正遴選新任校長，這真是個絕佳的機會，李文華院士參加了陽明的校長遴選。

其實當時陽明校內也有一位校長遴選的候選人，為擔任代理校長的吳妍華院士。吳妍華院士於二〇〇〇年當選第二十三屆生物組院士，是一位傑出的女性科學家。吳成文對吳妍華院士的印象深刻，她行事果斷，學術研究堅持認真，在擔任陽明代理校長時，已經展露出行政領導的能力。

對陽明來說，兩位都是優秀的校長候選人，不過於教育部的遴選委員會上，委員們覺得，如果李文華院士能夠到陽明，加上原先於陽明的吳妍華院士，兩位卓越科學家的加乘效益更能提昇陽明的學術地位，所以委員希望吳成文將這樣的資訊帶給吳妍華院士。

吳成文想著，委員們對陽明的期望高，大家均計慮考量如何給予陽明最有利的發展，所以領下這個不容易的任務，與吳妍華會晤。吳妍華院士表示理解委員們的心思，也能坦然接受遴選的結果。經過這樣的溝通，在學校致函教育部的兩位人選中，教育部委員會的建議名單為李文華院士，並依程序核報給曾志朗部長。當時回國的學人不多，所以新聞媒體隨即披露陽明新任的校長為李文華院士。

之後，吳成文出國參與學術會議，不幾日，他意外的接獲國內消息，李文華院士在諸多考量後，決定辭去陽明校長的職務，這是個非常重大且無法逆料的大轉折，吳成文非常驚愕。吳成文回國的第二天隨即接到教育部長曾志朗的電話，部長焦慮異常地說著：你看，現在陽明怎麼辦？學校花了一年半的時間才遴選出校長，而今一切又要重新來過。

曾志朗部長原是陽明的校長，他的焦慮吳成文可以理解，身為遴選委員現在要做的是為陽明解除危機，合法與迅捷地產生新任校長，讓陽明的校務趕快上軌道。

國立大學第一位女性校長，吳妍華院士為陽明開展新猷

吳成文畢竟有著行政的經驗，他對部長說，當時陽明公文上建議的校長名單有兩位，其中一位即是陽明現任的代理校長吳妍華院士，這時候關鍵在吳妍華身上了。一句話讓部長又交給了吳成文幾乎不可能的任務，要吳成文去說服吳妍華院士接任陽明的校長。

這是個難以達成的使命，但吳成文當晚即與吳妍華院士會晤，希望吳妍華同意再次進入遴選。吳成文費了非常大的力氣，動之以情、說之以理；他言道，陽明這次校長遴選已經過這麼多的過程與波折，在在都是對陽明的考驗，這時唯有身為代理校長的她臨危披掛，為陽明解除危機。

長長地一席話，終於讓在陽明成長、對陽明有深厚情感的吳妍華院士願意再次參與遴選，吳成文隔日快速將消息轉給教育部，於是教育部又臨急地成立委員會，再次進行徵選陽明校長的工作。

二〇〇一年吳妍華院士遴選上陽明的校長，這場校長遴選的過程，雖經過震盪，

卻能峰迴路轉地有著美好的結局。吳成文對吳妍華院士為陽明大公無私的精神與胸襟極為欽佩，吳妍華院士也成為國內第一位國立大學的女校長。

吳妍華院士於陽明校長任內，成立「基因體研究暨發展中心」，興建圖資暨研究大樓，執行教育部「發展國際一流大學暨頂尖研究中心」，獲行政院無償撥用三千多坪土地及房舍，及增設人文與社會科學院等，是一位學術、行政能力俱佳的卓越學者。二〇〇九年校長任期結束，為等待新的校長到任，並代理校長到二〇一〇年。之後，她又被國立交通大學遴聘為校長，成為國內曾擔任兩所國立大學校長的第一人。

參與了幾屆陽明校長的遴選，這段時間也見證了臺灣高等教育體系如校長遴選事宜不斷更迭的歷史。過去，國立大學校長的任命與選擇權在教育部長身上；之後，修正為學校成立遴選委員會遴選出候選人，再由教育部所成立的委員會圈選建議的校長人選，呈報教育部長任命。現在則由校方成立遴選委員會，決定了人選之後，呈報教育部核可任命即可，校方已具有十足的權限決定自己的校長。

二〇〇五年吳成文自國衛院院長下任之後，即應吳妍華校長的邀請應聘到陽明大學擔任特聘講座教授。三年後，吳妍華校長到任在即，陽明成立遴選委員會，主任委員為陽明醫學系畢業、曾擔任衛生署副署長的張鴻仁教授，他與吳妍華校長一起拜會吳成文，希望吳成文提供有關陽明未來校長人選的建議。

促成梁賡義院士接任校務

吳妍華院士一心期待為陽明尋覓一位具學術地位的領導人，吳成文想到了曾經擔任過國衛院副院長的梁賡義院士。

吳成文與梁賡義院士相識既久，於生醫所所長任內，即曾經邀請梁賡義於年進修假時到生醫所進行研究，不過梁賡義因為對教育有興趣，選擇前往臺大幫助公共衛生學院生物統計課程之規劃。國衛院成立後，他也常回臺灣協助國衛院院外計畫的審查。二○○二年吳成文和國際統計學權威刁錦寰院士，共同推薦梁賡義當選中研院第一位跨領域的院士；吳成文在國衛院院長任內延聘他為副院長，原本希望梁賡義院士得以參與遴選院長乙職。

不過梁賡義院士因為子女的教育問題還需回到美國，經過了幾年，一次，梁賡義院士回臺參與會議，與吳成文一敘，席間對吳成文說，「院長，我可以回來了。」

其實學界在知道梁賡義院士要回臺的消息，早已爭相走告，這時際，國內學術單位既有的懸缺都希望延聘到梁賡義院士，如中研院生醫所所長及清大校長等，現在又加上陽明的校長職缺，儼然形成了一場搶人才的競賽。

梁院士為清大畢業，不過與中研院生醫所有學術之淵源，這兩個學術單位均積極與梁賡義院士接觸，現在陽明大學也希望延攬到梁賡義院士，吳妍華校長懇請吳成文傳達陽明熱切邀約的心意，企盼梁院士得以到陽明來。吳成文人在陽明，當然切盼最好的人才能齊聚陽明來幫助學校發展，所以，又接下了這個傳遞訊息的任務。

他當下致電美國跟梁賡義院士一述，吳成文分析以其學術背景與興趣，到陽明應是最恰當的抉擇。吳成文闡言，梁院士是清華的校友，然清華大學的學術以理工為強項，梁院士的學術卻是生醫背景；以學術言，與生醫所雖較為相近，但是他知道，梁院士一直對教育有興趣，這也是當年在年進修假回國時，前去幫助臺大公衛學院的因素；如此剖析，陽明應是梁院士在學術及對教育熱誠心念上，兩者兼具的一個選擇。

一番話後，吳成文說服梁賡義院士參與陽明校長的遴選。

二〇一〇年，梁賡義擔任陽明校長，二〇一四年續任，吳成文當年關鍵的一席話，為臺灣留下了一位優秀的科學家。

二〇一七年，梁賡義院士於第二任陽明校長任期將屆，參與國家衛生研究院院長遴選，獲聘為新任院長，行將帶領國衛院落實創院理想，執行任務導向的研究使命，以求提昇國人的健康品質，並帶動我國進入生技產業的規擘宏圖。

大學之道在止於至善

吳成文自國衛院院長下任，退休之後，來到陽明專注於研究，而他參與陽明成長的痕跡，從一九八八年初回國到現在已將近三十年。三十年的流光，臺灣的教育情境隨著民主風潮而替易，從大學校長的遴選即可見一斑。唯教育是國家儲備人才與蓄積競爭力的基石，在大學的學術殿堂中，校長具有舉足輕重的地位，這即是吳成文樂於提供協力的原因。

他因緣際會參與協助陽明校長的遴選，無論是熱心襄助或是被賦與的角色，吳成文總是盡力為之，而心中秉持的真摯信念卻每每讓他想起在中學就學之際，國文老師汪中念念的一句話：大學之道，在明明德……在止於至善。彼時，對於老師耳提面命所言，所謂大學，為具視見大開大闔者，具高瞻遠矚，知所興替，肩負承擔；大學，乃人格大道。年紀尚輕的他，還不明就裡，不過及至自己為人師，才能細細芻嚼出這席話中所涵醞的深意。

而止於至善難矣哉，所以吳成文陳述故事的痕跡，永遠是一場進行式，這段親身為臺灣學術殿堂的作為，也是他企盼為臺灣學術教育環境有所回饋的使命感。

註一：榮總與陽明的臨床醫師及教授，多為合聘。
註二：詳見「臺灣生命科學人才的搖籃——國醫生命科學研究所」乙文。

12. 薪火相承，提振陽明學術能量

自國衛院院長下任，吳成文回到實驗室，重拾自己最愛的研究工作。一九八八年回國之後，他的研究方向以癌症為主，衷心希望為臺灣解決重要的腫瘤疾病問題，於國衛院院長任內他尚且組織了肺癌的國家型計畫並擔任總主持人，這個計畫被國外來的審查委員評等為我國最佳的國家型計畫。也因為肺癌計畫之故，吳成文自院長職務卸任之後，進入了國衛院的癌症研究所。

不再擔任行政職，吳成文利用一年進修假訪問國外知名的癌症研究機構，極力促成臺灣的實驗室與國外合作。二〇〇八年四月，吳成文在美國之際，接獲國衛院的電郵，表示他將年屆七十，依據國衛院新修訂的規範，必須屆齡退休。

吳成文隨即整裝回國，身為國衛院的創院院長，願意以身為範，依院內更新的組織規定退休。然他要自國衛院退休的消息一出，中研院及其他大學逐一積極地與吳成文聯絡，希望延攬他到所屬的學術單位，以其豐碩的學養與行政經驗增益該單位的研究能量。

這是為何在國衛院退休之後，吳成文為數所大學的榮譽講座教授之故（註一）。最後吳成文選擇到陽明大學，這中間的思索，及他在陽明大學所擔任的功能，成為吳成文於國衛院院長下任後另一段學術生涯。

對臺大、北醫、國醫的思索

最早與吳成文接觸的是臺灣大學醫學院。臺大是吳成文的母校，巧合的是他回臺所指導的第一位博士班學生楊泮池當時方任醫學院院長。吳成文回臺之後，與昔日的老師如李鎮源院士及宋瑞樓院士一直致力提昇臺灣的學術能力，可想而知，他與臺大有深厚的淵源。不過，吳成文想到的是，自己的學生方擔任醫學院院長，若是此刻到臺大，反而會引起不必要的揣測，而讓楊泮池為難，所以婉拒了臺大的邀約。

那時，他亦自臺北醫學大學董事長下任，北醫是私立大學，更有聘任上的彈性，但吳成文不曾考慮北醫，他雖知北醫發展學術研究，需要資深及卓越的科學前輩帶領，爾後他推薦了彭汪嘉康院士前往北醫，自己卻認為不宜以董事長下任之銜，率爾接受北醫的邀請（註二），所以北醫這條路，他也封鎖上了。

吳成文回國後，為提振我國的學術能力及培育基礎研究人力，認為必須向下紮根，以養成本土人才，他親自遊說、溝通，奔勞不已，終於在國防醫學院成立生命科學研究所（註三）。國醫的生命科學研究所為我國學界與業界培育諸多俊彥，相對地也提昇了國醫的學術能力。國醫系統對吳成文感念至深，在吳成文下任之後，依舊希望吳成文持續幫忙生科所的學務，因之特聘他擔任國醫生命科學研究所的榮譽所長。

然而吳成文知道，國防體系目前正在變動中，國防部連年裁軍，減縮壓力同樣衝擊著國醫的學術組織，無論如何思索，他均不宜前往國醫。

選擇成為中研院不支薪的研究人員

這段時間，中研院也成為一個選項。

吳成文懷抱理想回臺，那時他帶領三十餘位科學家返國，中研院的生物醫學科學研究所是他為臺灣肇建學術能力的第一站。他一心希望將生醫所建立為世界一流的學術研究機構，雖然因為要為解決國人醫病問題而辛苦地規劃、籌備，成立國衛院，但並沒有要離開生醫所的想法，只不過在國衛院無法找到首任院長之際，他只得去承擔國衛院的重責大任。然而即令他擔任國衛院院長十年，他在生醫所的實驗室一直保存與運作，且學術成績不弱。

這有一段深刻的故事。

這個實驗室是吳成文在妻子陳映雪博士仙逝後，放棄自己的實驗室接手下來的，一方面是懷念妻子工作到最後一刻而故去，另一方面是承續妻子原本有關癌病研究的學術計畫。解決臺灣最重要的殺手疾病癌症，一直是他的心願，所以他願意拾綴妻子的遺願，伴心而行，往前走。吳成文在國衛院十年院長任期內，這實驗室一直維持著，他充滿了情感。

對生醫所的另一份欣慰與心懷在於眼見當年培植的一批年輕人，今日個個頭角崢嶸地成長壯碩，紛紛在學術的領域擁有一片天。這就是當年回國的目的，企盼開展臺灣生命科學學術研究的機會，而最樂見學術人才的養成與獨立。

生醫所對這位成所所長也充滿感懷，歡迎他回到實驗室。吳成文曾經是中研院為吸引人才所建立特聘講座制度的第一位特聘講座，不過這樣的學術制度因為配合政府公務機構的相關退休體制，同樣設有年齡的門檻，這也是日後李遠哲退休，中研院修改了條例，以諾貝爾及其他相等學術成就的學者為依歸，希望留住資深的學術人才。不過吳成文認為自己最好不要用到這個條款。

這是因為當時中研院提出修訂進入評議會審查之際，在評議會中經過非常多的討論，有評議員認為若是單以諾貝爾獎學者聘任不受年齡限制，有針對李遠哲之虞，中研院必須注意與規避。身為評議員的吳成文於是在會中提出修正案，以諾貝爾獎得主或有相當全球性殊榮者，可不受年齡限制，並依程序提請院長由院務會議決定，這樣亦可吸引國際其他望重的學術大師來臺，提升臺灣的競爭力。

吳成文如果希望回到中研院生醫所繼續進行學術研究，依法必須沿用由他所提出修正案的這個條款，這份考量，讓吳成文決定不宜回到中研院。

因著這層決定，吳成文在中研院雖有實驗室，但為不支薪的通訊研究員，所有的研究計畫必須與所內其他研究人員合作，通訊研究員也需要定期經過所務會議通過。現在他生醫所的實驗室依舊如常運作，雖是基於自己的興趣，但最主要的任務還是研究的傳承，每天能跟年輕人一起思索科學研究，培育他們成長，悠然怡情得其所哉。

懷抱傳承心志，前往陽明參與幹細胞研究

因為已經決定不回中研院，所以當陽明大學校長吳妍華院士邀請吳成文到陽明之際，吳成文的確是慎重考慮。

吳妍華校長多次邀請吳成文於國衛院退休後，到陽明擔任特聘講座。吳妍華希望

以他望重士林的學術高度與行政經驗來帶領年輕的學者成長，幫助年輕人挑戰其學術理想。

這個提議讓吳成文琢磨了一陣子，他想著國衛院改變了屆齡退休的規定，他曾經是國衛院的大家長，必須以身作則離開國衛院，兼之中研院已經不是他的考量，而他與陽明有相當多的淵源，那麼到陽明幫助年輕人站起來，也合乎當年毅然放棄國外研究事業回臺的理念。

因著這層思索，他再一次詢問吳妍華校長：「妳希望我到陽明去做什麼？」「傳承！」吳妍華一句鏗鏘有力的話回應。這句話正與吳成文的理念吻合，也是他到陽明的激勵與決定，於是他便爽快地說：「好！」

吳成文於國衛院退休後，將到陽明的消息不脛而走，陽明期待與吳成文在研究計畫合作的學者，不等吳成文回國已積極與他接觸，其中一位即是李光申教授。

李光申為陽明臨床醫學研究所的教授，同為臺北榮民總醫院骨科主任級醫師及陽明大學幹細胞研究中心主任，是一位對學術有熱誠與企圖心的青壯學者。

李教授於二〇〇八年初他在紐約Sloan Kettering Cancer Center進行學術年進修假之際，自臺灣去電，邀請吳成文加入其幹細胞研究團隊。這通電話也是吳成文到陽明之後，展開幹細胞研究的關鍵，當然中間經過了多次的協商與溝通，他也因為進入了幹細胞的領域，擴張了他在陽明所扮演的功能，其間的轉換，是吳成文沒有預料到的。

吳妍華校長邀請他到陽明時，言明他不需要到學校授課，而當時吳成文也沒有設立實驗室的想法，當李光申邀請他加入幹細胞研究團隊，讓吳成文認真地去瞭解其研究計畫的來龍去脈。那時李光申主導陽明的幹細胞研究計畫，參與當年國科會前瞻計畫的競爭，卻發現因為審查委員也有計畫提交，但沒有利益迴避而深覺不公，李光申希望吳成文為計畫的主持人，共同參與競爭並且出面解決這不公平的現象。

就李光申轉述，幹細胞前瞻計畫的審查委員有學界的大老，他們既有計畫，又是審查委員，球員兼裁判，優先計慮自己的計畫，而排擠其他的申請案件，學界已經有所反彈。

吳成文一聽不禁笑說，「你在批評這些大老，如果把我也弄進去，我也會變成被人反對的大老，這不是也讓我挨罵嗎？」但李光申還是希望吳成文到陽明之後，參與幹細胞的研究計畫。

吳成文並沒有當下允諾，而是思慮及這一年他在美國多個重要的癌症研究中心參訪，更瞭解了癌症研究的趨勢，尤其癌幹細胞的議題也讓他思索自己未來的研究方向。

他想著，將來若是在陽明進入幹細胞團隊，也可送入子計畫，進行癌幹細胞的研究。

親自操刀，爭取前瞻計畫始末

二〇〇八年吳成文到陽明的第一年，陽明送出了誘導性多功能幹細胞ips計畫，參與前瞻計畫的競爭評選。

當年有關ips的學術研究計畫在國內非常新穎，但這個計畫卻被審查委員退件，原因只有寥寥數句，言道：ips非常新穎，因對其功能不清楚，故不予審查。因著不瞭解而未審查便退件，陽明幹細胞團隊一陣譁然，研究人員齊聚一堂，商議如何應對。

忿忿不平的年輕學者決定針對審查結果提出抗辯（rebattle），吳成文在團隊中是最資深的長者，他接下這個不容易的任務，身先士卒前往國科會，向當時的國科會副主任委員張文昌院士說明陽明必須抗辯的立場。

吳成文言道，科技計畫的審查制度是他當年引進的，之後國科會也沿用這個制度來審查競爭計畫，不過前瞻計畫的重大瑕疵在於審查委員沒有遵守利益迴避的原則，自身也有計畫送審，其實已經引起了學界非議，這次更不盡責地把他人的計畫，未經嚴謹審查而率爾退件，因此陽明決定抗辯。

張文昌表示依國科會規定前瞻計畫不得抗辯，他解釋說，計畫的審查委員源於國科會銜接衛生署所移轉之業務，一直沒有更動，國科會難以置喙。吳成文回覆道，有關審查利益沒有迴避的問題，無論原來的背景如何，現在既然由國科會執行，必須審慎處理；至於抗辯事宜，陽明的公文還是會送達國科會，如果國科會依規定裁示不得抗辯，只要回覆公文即可，陽明也等著公部門的答覆。說完陽明的立場，吳成文隨即離開國科會。

隔日，吳成文接獲國科會的電話，表示國科會決定將陽明的計畫重新送到國外審查。之後評審結果出爐，陽明通過評比，反敗為勝。這個好消息激勵著陽明的幹細胞研究團隊，校長吳妍華非常高興，特別要求吳成文擔任計畫總主持人，有了計畫也必須要有實驗室，這即是吳成文到陽明之後設立實驗室的原由。

陽明的實驗室成立，他帶領陽明的年輕學者往前跨步疾走。這幾年陽明的幹細胞研究學術成果卓越，歷年來均被評定為最佳的幹細胞計畫。

有了實驗室自然會吸引學生，吳成文的特聘講座教授雖直屬校長室，但他在生化研究所、微生物免疫研究所與臨床醫學研究所都是專任，而他手中的研究計畫均是在陽明申請。陽明與中研院生醫所每週輪流舉行實驗室會議，所有成員一起參與。他在陽明與中研院兩地來回，與年輕人一起談科學、想研究，忙得不亦樂乎，這是離開行政工作的一種快慰，也讓他在心理上感到年輕。

整合榮陽團隊，卓越癌症計畫的成功學術戰役

在陽明因為所賦予角色上的期待，他也竭盡所能提供協力。漸漸地，吳成文在陽明扮演著幫助陽明及榮總進行研究計畫整合與合作的舵手功能，讓學術能量增色不少。例如陽明與榮總合作的卓越癌症研究計畫，就是他發起為榮陽團隊整合的重要計畫。

這是升格後的衛福部以菸捐所提供的預算，做為我國重大的癌症研究計畫。當公告消息一出，吳成文正在美國參與學術會議，當時榮總的院長為曾擔任署長的林芳郁教授。吳成文特地自美國發了一封電郵告知林芳郁院長，榮總必須由院長出面整合過去分歧的癌症研究，同時加強與陽明的學術合作，榮陽團隊合力，將有機會爭取到最好的計畫。

林芳郁亦認同吳成文的想法，他主動邀請吳妍華校長及吳成文擔任計畫的偕同主持人，希望吳成文也參與幫忙，一起提升研究計畫的競爭能力。

但當吳成文見到榮總申請的十多個計畫，感覺所提出的研究計畫過度分散，難以

展現榮陽的學術能力，於是又向林芳郁院長建議，所有的計畫可先請專家進行內部評審，亦即榮總自我先評選出三、四個優良的計畫，再由具經驗的計畫主持人整合出一個重要的大計畫，爾後提交出去競爭，如此榮陽團隊方有勝算。

吳成文具戰鬥能力的建議得到陽明與榮總的支持。在所有計畫提交之後，吳成文出面整合有關肺癌的研究計畫，並以這個計畫做為大家整合的楷模。這些計畫均邀請外來的專家進行內部評選，最後才參與衛福部卓越癌症計畫的競爭。

也因著吳成文的策略洞見，榮陽團隊整合出的計畫在衛福部的卓越癌症計畫中勝出，吳成文再次幫助陽明打了一場成功的學術戰役。

茲念提升臺灣學術能力三十年

吳成文在陽明的聘期為五年，五年之後若提出續聘，一樣要接受學校所成立委員會的審查。

二〇一一年吳成文以其卓越的學術成就與帶動臺灣生命科學發展而獲得我國最高榮譽的總統科學獎。二〇一二年，他經過陽明成立的委員會審查，與會委員一致建議校方續聘吳成文為特聘講座教授。校方希望藉助吳成文的豐厚經驗與學術視見，協助整合陽明的轉譯研究與提升陽明的學術研究實力，進一步強化陽明與榮總系統的臨床醫學研究水準。這也說明吳成文在陽明幾年來發揮的功能，的確讓榮陽團隊再度亮了起來，校方切望吳成文的學術效應，衍續且發展。

他回臺灣已接近三十年。這三十年的前一個十年，為臺灣引進重要的學術制度，吸引秀異的學術研究人才回臺，建立中研院生醫所的學術地位，為政府奔走成立國家衛生研究院，及有先見地培育臨床專科醫師。

第二個十年，身扛國衛院的研究發展業務，他到世界各地辛苦地延攬最優秀的科學家領導人才，一起為國衛院的發展戮力打拚，建立國衛院前十年的學術榮景，一直到國衛院穩定發展而下任退休。

第三個十年，他在陽明與中研院生醫所細心扮演傳承的角色，帶領年輕的學者壯闊成長，幫助陽明整合出具科學實力的研究計畫，無論是前瞻計畫或是癌症卓越計畫，都有他耕耘的成果。

回到臺灣之後，吳成文很少思考學術研究的個人成就，雖然他每年都會發表數篇有份量的學術論文，而他常常說的一句話是：「在我的履歷上多一篇論文或少一篇論文，對我並不重要，回來時已下定決心為臺灣的生命科學研究創造機會，不讓臺灣在這一波生物科學革命的世紀落後、缺席。」

經過三十年的孜勤勉力，他的熱誠依舊，在企盼臺灣學術能力提昇的意念下，自己的研究一直不放在所投注精力的第一順位。他不曾後悔。

提攜後輩，傳衍學術風範

即令吳成文來到陽明，因為參與了前瞻計畫而設立實驗室，然卻不在與他人競爭預算，而把心志放在教導年輕人身上，他念茲在茲思索著，如何把學術的火炬傳下去。於是一路提攜有潛力的年輕人，諄諄教誨，希望傾其所能，協助後輩獨當一面，幾年來也見到了成果，計畫中的年輕人，一一挑戰學術的高度，展現亮眼的研究成果，他們的成績成為吳成文的動力與欣慰。

這是他在陽明的第九年，每天依然行步匆匆，還是持續昔日的工作習慣，絕不拖延公文、絕不延宕學生的研究計畫與論文；他依舊奔走在各學術研討會的會場，精選重要的學術演說，凡參與必認真聆聽與記筆記；遇有自己的學術演說一定是充分準備，反覆思索。這是他一貫的學術態度。

如此的治學態度與精神，堅守了一生。所思所想的還是臺灣科學研究的根生、成長、茁壯與永續，他期許年輕的學者一定要接棒往前跑。他想傳衍下來的如此簡單明確，卻鏗鏘有力。

註一：計有臺灣大學、清華大學、成功大學、國防醫學院、中興大學、輔仁大學、高雄醫學大學、臺北醫學大學等。

註二：吳成文在擔任陽明大學特聘講座教授三年之後，方接獲北醫拇山生物醫學特聘講座教授。

註三：詳見「臺灣生命科學人才培育的搖籃——國醫生命科學研究所」乙文。

13. 站在永續與變革下的高醫——兼談臺灣私校問題

吳成文在大學時代已經決心進入科學研究，希望未來得以藉助醫學科學發現學術真理，尤其瞄準人類的疾病問題，切盼透過學術研究的進益，緩解甚而解決威脅人類的某些疾病。

當然，這份理想是需要經過歲月的考核與挑戰，而年輕的學生在求學階段更需要師表榜樣（role model），學生時代的他非常欽佩兩位臺大醫學院出身的碩哲師表，一位是杜聰明、一位是徐千田，巧得是，兩位師長分別是高醫及北醫的創辦人。

吳成文說，他們兩位一生致力於學術研究，更投入精力創辦醫學教育機構，有理想、有抱負，終生志業為作育英才，是臺灣早歲貧困時期私立醫學院篳路藍縷承挑醫學教育命脈的兩個重要指標。然在成就不凡的背後，其實也能見到私人興學的艱困，甚而在創辦及成長之際所衍生的爭執。吳成文曾經擔任北醫的董事長，為此知之甚深

（詳後文）。

吳成文無緣親識杜聰明老師的風采，因為老師於臺大醫學院院長下任之後，於一九五四年創辦高雄醫學院，並任首任院長。學生時代的吳成文因為鍾情於學術研究，知道杜聰明老師在蛇毒及鴉片的研究已有所成，是臺灣藥理研究的開創者，而他與高醫的接觸，自然是在回國擔任中研院生醫所籌備處主任之際，同時與國衛院的設立有關。

持守創校精神，高醫勉力前進

國衛院於籌備階段，醫界及學界並不明瞭為何要成立這個新機構，所以他在臺灣各地舉辦了百餘場說明會。當時高醫的院長為謝獻臣，吳成文印象深刻的是，謝獻臣不僅支持國衛院的設立，每次只要是國衛院在南部召開說明會，謝獻臣一定親自參加，坐在吳成文旁邊，為他加油打氣。

謝獻臣是一位謙虛與和善的長者，早年即潛心研究寄生蟲學，曾經擔任世界衛生組織寄生蟲暨醫學顧問，足見其學養涵深。他以院為家，在預算有限的情況下，為高醫擴充系、所，及碩、博士班，興建教學與實驗大樓等；也因為其學術的背景，瞭解國衛院對國家的重要，因之以其醫界碩耆望重的身份實際用行動支持，讓吳成文感念至深。吳成文也因此熟識他的為人風範，日後方得以邀請謝獻臣臨危授命擔任北醫的董事長（註一）。

也在這段時間，吳成文受邀擔任高醫董事會的科學顧問，這是吳成文對高醫董事會有印象的開始。

接替謝獻臣擔任高醫院長的為蔡瑞熊教授，他是高醫培育的第一屆畢業生，於醫師訓練後到東京大學獲得醫學博士，隨即回到高醫，是位不折不扣一生以高醫永續發展為己任的「高醫人」。吳成文在擔任國衛院院長之際，蔡瑞熊教授亦為國衛院第一屆與第二屆董事。

蔡瑞熊教授為了厚植高醫發展的財務需求，非常儉樸，但是對學術研究應動支的經費卻鼎力支持，他是位臨床腎臟系統的重量級學者，為提升學術水準，積極爭取研究資源，鼓勵教授進行有競爭力的專題研究，同時促使高醫升格為醫學大學，他邀請吳成文提供有關校務發展的意見，總是掛心高醫的學術發展。

蔡瑞熊教授為高醫升格後的首任校長，他扭轉了高醫財務的頹勢，為高醫蓄積未來得以發展的一筆豐厚儲金，但不幸的是，因為長期的躬親問事，積勞成疾，在任內謝世。吳成文對這位長輩非常尊敬，在蔡校長臥病之際，特地數次南下探視，心中非常不捨。

吳成文常說，高醫是私立醫學大學中，素有學術傳承的歷史學風，他認為這與杜聰明老師的興學觀念有關。高醫創立之際，其教育理念揭舉「樂學至上，研究第一」，在戰後臺灣貧困的情境，一位學者如杜聰明瞭解學術研究是醫學進步的基石，他以身作則在校務之外專注研究，即令創校維艱，但已經紮下高醫的學術風氣與傳承。高醫人也非常爭氣，創校迄今，每一任高醫的領導人不忘前輩的理想，一路持守。

爭取頂尖計畫，發展特色研究

吳成文領導下的國衛院與高醫合作，始於國衛院成立環境與職業醫學研究組（簡稱環職組），並將該組設於高醫。

環職組設於高醫，在於南部的大高雄地區一直是臺灣的重工業重鎮，過去因其環境生態及獨特的職業疾病，已引起重視，然有關環境污染甚而特定的職業疾病，必須藉助科學研究為解決的依據，而高醫因其地利之便，過往累積諸多臨床職業醫學之經驗，國衛院環職組南下設於高醫，是個非常巧妙的組合與合作方式。

當時高醫的校長為自國外回國的王國照教授，是一位國際知名的骨科專家，同為高醫的校友。吳成文曾經與他因為環職組與高醫的學術合作互動，會晤過幾次，環職組當時新任的組主任也是來自高醫的知名職業醫學學者葛應欽教授，那段時間，國衛院與高醫一起進行人才訓練，成果不弱。吳成文於國衛院院長下任之後，環職組遷回竹南，不過高醫在環境與職業醫學上已經逐漸開花結果了。

再一次與高醫接觸為余幸司教授接任高醫校長。余幸司亦是高醫的傑出校友，為留日東京大學的醫學博士，曾獲得美國NIH Fogarty研究員獎學金，前往洛克斐勒大學從事研究。在臺灣南部因為砷中毒引起的烏腳病，病患多處皮膚癌化，余教授傾其心神，除臨床醫療之外，更進入學術研究，在白斑症其機轉與治療上有卓絕的貢獻，是一位具厚實研究學養與臨床能力的醫學科學家。

余幸司於校長任內邀請吳成文南下，希對高醫的學術發展提供意見，當時高醫極力爭取教育部「發展國際一流大學及頂尖研究中心計畫」。

吳成文提供建議，以高醫的地利之便，及過去已經累積有關環境職業醫學的臨床經驗，環境醫學是其他大學難以匹敵的優勢。果不其然，高醫在余幸司校長的領導下，從二〇〇八年開始，連續三年獲得教育部環境醫學重點領域研究中心的補助，透過研究計畫的增益，更加大了高醫在環境醫學上的競爭力，是支持高醫發展特色醫學研究的一份鼓勵與肯定。

吳成文當時已自北醫的董事會下任，醫界均知北醫有今日的榮景，吳成文是幫助其蛻變新生的關鍵人物，他以學術的眼界與高度，為北醫建立了學術暨行政制度，拔除昔日董事會為私利的爭擾，重建了北醫的生機。也因為這緣由，高醫的校友會希望邀請吳成文針對「如何發展私立大學的董事會」之議題進行演講，然吳成文回絕了，他認為這不免讓人誤解有挑戰高醫董事會的意圖，反而會對高醫的校友會及校方橫生困擾。

私校爭議不息，文化習性使然

這時候，吳成文細微地感知高醫董事會與校方在校務上，可能已產生了些許歧異，而他知道這並不是第一次。

其實高醫在創校之初，董事會與校方也經過了類似的爭議，杜聰明擔任高醫院長十二年因與董事會不諧，下任後，臺大醫學院院長魏火曜臨危授命，借調高醫處理高醫校方與董事會因對校務不同調所衍生的諸多有關財務、採購等問題，經過年餘，魏火曜協助高醫建立人事、財會及管理等相關制度，幫助高醫上了軌道之後，方回任臺大。

吳成文曾經就國人私人興學因為文化及社會公共財認知的差異，將北醫自谷底攀升的真實經歷，受教育部邀請書寫《北醫故事》，希做為前車之鑒（註一）。他言及，英、美知名的重量級學府如牛津、哈佛等名校，多數為私人捐助，當時的捐資人一心希望提供教育機會給莘莘學子，捐資人鮮少介入學校的業務，而是交由專業的學術專才來帶領學校，在於捐助者認定教育是社會的公共財，捐資興學不在私人牟利，而是回饋社會的理想。

不過在華人社會卻非如是，過往中國社會其教育系統多為私塾型態，大多隸屬家族或宗室，中國人常言「書中自有黃金屋」，言明教育的動機是在翻轉社經地位後所帶來的財富，如此，私塾的「資產」自是屬於「家族」及「投資者」，所以興學的目的也會自然而然瞄準來日自身的利益，這種文化習性與公民化社會所認知的教育是社會資財的觀念，根本是相互抵觸的。

其實，在臺灣有許多興學者的動機與目的，為在經營而非教育。吳成文說，教育的永續需要良善的經營，但是經營不是教育的終極價值，這也是為何目前臺灣許多私立學術機構在教育行政上的困境。

當年高醫董事會與校方的爭執，是魏火曜以客卿與臺大醫學院院長儼為醫界大老的身份地位去平息的，多年來高醫的董事會與校方也盡量謹守分際，希望維持平和來幫助高醫發展，這是高醫不容易的地方。

在吳成文耳聞高醫董事會與校方的些許波動之際，正是校友會希望邀請吳成文演講，及余幸司擔任高醫校長之際，吳成文也擔心若有任何事況，余幸司校長一定首當其衝必須面對處理。

果不其然，二〇〇八年吳成文自媒體的報導得知，高醫校方及董事會因為高醫附設中和醫院院長的任命，校方與董事會出現了爭議，及高醫董事會修改捐助章程，將創辦人由杜聰明博士更改為陳啟川先生，引起了高醫及畢業校友的一陣譁然。

堅持教育使命，校方為職責權益而不屈

這樣的矛盾才正開始，高醫董事會與校方針對中和醫院院長的任命鬧出雙胞的爭議，董事會進而違反法令，越過校方直接透過高醫的附設中和醫院，參與市立大同醫院的經營招標，顯然有著醫院的經營管理直接隸屬董事會的越權行為。這個事件，除了引起校方的反彈之外，一向關心高醫發展的校友會也驚覺事態嚴重。如此的訊息讓

吳成文對高醫有著關切與擔憂。

高醫是私立的學術教育機構，其學術研究命脈及優質的教育環境必須與附設醫院唇齒相依，無論是醫師臨床教育訓練的養成，或是以醫院的盈餘回饋來支援學校的教學與學術研究，是一個生命共同體，切不得切割。

且根據我國私校法的精神，董事會的功能為執行私校法各重要事項之決議及捐助章程所規定的職責，在校務行政上，除卻校長之遴聘與解聘為重要之職權外，其實並無直接執行與管理業務之權（註二）。

尤其是高醫大的附設醫院，為附屬於學校之單位，董事會切不能越過學校執行命令，甚而公然以董事會號令學校的附設醫院，進行尚未經過學校同意的簽約招標，因這是違法行為，以校方的立場必須正視及有所回應。

這即是當高醫董事會介入任命附設中和紀念醫院院長，及越權經營招標大同醫院與校方不同調爾後，學校醫護教職人員及校友反彈的原因，董事會與校方已經有著互不相讓的煙硝味。

過去北醫因為董事會運作不良，董事會議數度流會，董事們又有財務上之利益糾葛，無法依法行事，二度被教育部勒令解散，之後教育部邀請吳成文率領醫界重要領導人物進入北醫，重整董事會以興振校務，方讓北醫起死回生。故而此次余幸司校長為了校方教育的職責權益，也為了大同醫院事宜，與吳成文一晤。

吳成文瞭解法條中董事會與學校行政的規範，而教育部為私立大學學校法人的主管機構，這時必須教育部以主管機關的身份出面，方能解決高醫董事會與校方的歧見。但董事會卻擁有校長的聘任及解聘的權限，也就是說，如若教育部依法出具公權力，裁制高醫的董事會，那麼余幸司教授身為高醫的校長，一定會被波及，甚至不再被聘任。

余幸司校長也知道所有的後果，但身為學校的大家長，必須要維護學生的受教權益、學校的教學品質與學術的永續成長。私校法規範學校以財團法人的形式設立，旨在增加國人的就學機會，其設立總則中已經表明學校是社會公共財的觀念。余校長表示並不擔心自己的聘任問題，認為必須為學校的權益而爭取。

此即是爾後教育部明確表示，高醫附屬醫院其財務上依舊隸屬於學校，董事會並無權介入採購、或以附設機構之名義進行招標與簽約。此即說明，董事會的干預不符規定。這也是幾年前高醫校方與董事會雙方不睦正式浮出檯面，而引起傳媒重視的開始。

余幸司堅持學術的自主及為高醫的永續發展，不惜與董事會抗衡的精神，讓吳成文至為欽佩，校長下任後，吳成文將之推薦到國衛院擔任副院長，並曾為國衛院的代理院長，直到新任院長梁賡義院士到任。

校務諮詢委員會提供慧見，期高醫成長

余校長下任之後，高醫董事會與校方似乎是相安無事了一段時間。接替余幸司校長的為劉景寬教授，他是一位腦神經臨床學者，致力於研究血管性失智症的致病機轉，其學經歷均在高醫完成。吳成文與劉校長原先不熟識，只約略聽聞，劉校長的夫人為高醫董事長的秘書。吳成文想著，這樣高醫校方與董事會之間應有較好的關係，雙方若能協力，對高醫未嘗不是好事。

吳成文是高雄醫學大學的榮譽講座教授，曾經提供精確建議幫助高醫獲致教育部環境醫學重點領域研究中心的補助，所以當劉景寬教授接任校長之後，也特地北上與吳成文一晤，希望吳成文以其豐厚的學術視野與經驗，持續提供慧見，讓高醫延續歷任校長的學術薪火，挺立向前。

劉校長一直希望為高醫的發展，邀請對高等醫學教育饒有經驗、知名的學者，如同他所大學一般，成立高醫校務發展諮詢委員會。劉校長表示他向董事會極力爭取許久，

董事會終於答應試辦一次，他商請吳成文幫忙邀請國內學界及醫界的菁英，參與高醫的校務發展諮詢委員會，以其寬廣超越的視角，為高醫的發展提供突破成長的意見。

看得出來劉景寬校長以高醫為念，吳成文當然樂於協助。於是吳成文推薦了國內在醫學高等教育知名的幾位領導人，如楊泮池院士、曾志朗院士、吳妍華院士，及高醫卓越的校友，如擔任過校長的余幸司教授、魏福全院士，與其他知名的科學家，如江安世院士等十餘人，於二〇一五年在高雄醫學大學召開了高醫的第一次校務發展諮詢委員會。

這是一次非常成功的會議，與會的學者以不同的觀點與學術經驗，建議高醫以差異化競爭的概念，結合其學術特色，如熱帶傳染病、環境、工業等主題，創造出整合型的研究計畫，邀請國內外知名學者審查，以非平頭式及合理的經費預算，支持具有高醫特點的學術計畫。吳成文且在會議中強調，高醫爭的不是排名，而是特色，這樣才能突顯及做出高醫與眾不同的學術能力，讓其他學校難以匹敵。

這次的校務發展諮詢會議，有如此重量級學者的參與，正可做為高醫永續成長的建議背書，所以劉校長期待委員會最好能成為永久性、常設的機構，可以名正言順地協助高醫發展。不過，這樣的想法董事會可能有不同的意見。那時正是高醫董事會決定劉校長續任的時機，所以吳成文建議劉校長，莫若在校長續聘過後再議。吳成文這樣的關照為擔心董事會與校長之間產生不必要的衝突。

新生代董事會領導人與校友之互信？

其實這幾年高醫董事長陳田植的年事已高，大家均知道他有心交班，同時在栽培陳家的下一代，也是他的兒子陳建志。陳建志在董事會擔任執行秘書，重要事宜均由他參與定奪，這也是高醫幾年前發生爭議之際，被高醫校友會詬非之處。日後陳田植下任，即由他擔任董事長。

吳成文沒有料到的是，一日陳建志來訪，與吳成文侃侃而談高醫未來發展的理念，及他接掌高醫董事會之後對高醫的抱負，他希望為高醫開展新局，主動與吳成文陳述了許多計畫。吳成文眼中所見的是一個年輕人，有很強的企圖心。對於年輕人，吳成文總是以同理的心情來聆聽與回應。

吳成文對陳建志說，年輕人有企圖心是非常好的，但要注意的是，個人的企圖心必須與組織團體的發展方向一致，否則會發生許多困難，也會引起紛爭。吳成文意內言外，所欲傳達的是，個人的理想必須注意到學校的永續成長，中間若是產生差距，勢必會發生爭議。

身為醫界的一份子，吳成文當然希望高醫董事會支持校方，尤其高醫地處南臺灣，有其肩負的學術與醫療使命，而無論是醫學教育或是學術研究資源，都需要高醫附屬醫院的回饋，高醫與其附屬的機構，是一體共生、一榮皆榮。董事會必須站在高瞻遠矚的視野上，扶持高醫壯大起來。

然而高醫的爭擾的確已經浮出檯面了。

原本高醫的董事會中有來自學界當時的中研院副院長陳建仁院士，及高醫的校友同在政界享有聲譽的張博雅博士。之前，因為張博雅擔任監察院院長，因而辭去高醫董事職務，爾後陳建仁為副總統亦不再出任，過去兩位一向以學者的高度支持高醫校方。

有兩位董事出缺，高醫的校友會熱心推薦傑出校友人選，所推薦的人選中有中研院院士、國際知名肝臟移植權威，及醫療奉獻獎得主，均是高醫畢業的校友、醫界一時之選，但卻不被高醫董事會接受，這已經引起了校友們的情緒反彈。

「校長監督與考核辦法」引起另一波瀾

而二〇一六年四月十一日高醫董事會通過了「校長監督與考核辦法」，消息一出，引起了校方與校友的一陣錯愕，尤其是校長劉景寬認為董事會幾乎是針對他而來，指出這個考核辦法斲傷了學校與董事會的互信，過度干預校務運作，越線侵犯了學術自由。

吳成文想起了三月十七日方到高醫審查校方規劃成立的校級研究中心，以競爭頂尖大學計畫。於審查會議中，吳成文肯定校方集中力道支持重要也具有獨特性的研究中心，他認為高醫於環境醫學領域必須再往前邁進，而病毒與癌症，及未來瞄準的脂醫學、骨科與幹細胞等，可整合成具功能性的熱帶醫學，這亦是高醫可發展的項目。當時與會的委員包括劉扶東院士和龔行健院士，也期期鼓勵高醫將來成為環境與熱帶醫學的頂尖中心。

事實上，在會議中吳成文進一步提及，高醫除了有很好的學術傳承、地域特色之外，也具有跨進老人醫學研究的潛力，在於有臺灣精神醫學之父的林宗義教授曾經在回臺之際，於一九九三年擔任高醫精神醫學特聘講座教授。林宗義教授於高醫期間為高醫創設老人醫學社會中心，同步為老人醫學研究建立基礎（註三），未來有關老人照護及老年疾病等之相關研究，高醫可接續進行，也足以成為另一個學術的耕耘重點。

審查會議中，吳成文及與會委員對高醫學術的意見言猶在耳，不到月餘，高醫的風波再起，吳成文心中深深喟嘆，擔心董事會與校方的長期爭議，會影響高醫的發展。

這段時間的高醫，除了知名校友如阮榮泰、吳樹民、陳永興等醫師，以「轉型正義」為呼求，強調高醫是教育機構絕非特定家族的私人家業，校友們將臺灣、美洲、大陸的校友會整合起來，成立高醫校友總會，主動向媒體發聲。更以「我是高醫人，我反對高醫成為私人產業」為名建立社群網站，公開披露高醫的問題，甚而主動上談話性節目，說明校友們對高醫永續發展的焦慮與擔憂。

現行法規難以約制、解決臺灣私校問題

二〇一六年九月二十二日高醫在新學年度的校務會議上，由高醫工會理事長、高醫眼科副教授吳國揚提案表示，鑑於教育部已正式發文確認高醫創辦人為杜聰明博士，因此要求高醫校方必須據此進行創辦人的正名回復，包括校史、網站資訊，甚而文件、碑文等，應逐一修正，通過的提案中還包括將「高雄醫學院附設中和醫院」改正為「高雄醫學大學附設醫院」。「必也正名乎」，已經成為高醫校友與高醫工會，進而所有高醫人的自決運動。

高醫董事會自創辦人的爭議，到高醫附設中和醫院院長的任命事件，及大同醫院

的委託案件，而至「院長監督與考核辦法」，一件一件的發生，由校友到學校的工會，一直上達校方最高的校務會議，儼然成為高醫人與董事會之間的扞拒。

一段歷史以及依舊如同進行式般的爭議，點出的不僅是高醫的困境，其實是今日多所私校必須正視的董事會與校方橫生的對立問題。演變成現下私校無論在教育及學術行政上的困頓，吳成文認為有幾個因素：

一是如前文所述國人興學的初始動機，其實有為數不少的捐資者認定這是家族所屬、是家族興業的一項「投資」，既是投資，自然會在意來日的回收及附帶利益，此為傳統的文化習性使然，改變觀念需要時間，甚而藉助法規的約制。但是這又引來第二層問題：法規需經過民意機構的審核與通過，官版的法規得送交立法院審議，兼之立委亦有主動提案權；不容諱言，我國諸多最高的民意代表，往往與利益掛勾，也所以法規的修訂及條文的增減，每衍生枝節，有著背後利益的角競與爭鬥，如此一來常失卻了立法的初意，讓有心任事解決的公部門有責而無權。

其實，高等教育產業工會近年來奔走疾呼，要求政府重視臺灣私校有關董事會濫權的問題，在於我國有七成的大專學生於私立的大專院校就讀，也有六成以上的教職人員任職於私立大專院校，而教育資產隸屬社會，茲事體大。

大學是國家蓄積人才最重要的教育機構，臺灣也因為傳統使然，通常最優秀的青年學子其第一志向就是進入醫學院，學校的教育養成絕對是國家在新世紀最重要的新生代生力軍，眼見臺灣私校的問題一一浮出檯面，這絕對是國家未來競爭力的損傷，也是吳成文憂心之處。

永續高醫，需高醫人之理念與智慧

回國將近三十年，與高醫也有三十年的交誼，衡觀一段段高醫的風雨，從吳成文過去在學生時代所知，到現在因為創辦人爭議、被點名的高醫董事會成為家族世襲的標誌，及高醫必須與附設醫院相互依存，方能不斷提升其學術能力的現實，說明了一所私校在邁向成功必須窮盡的心力。

因之，當感覺董事會無論其動機為何，似乎要干預校務，或是進入醫院的決策事宜，高醫校方的反彈的確難以避免。這其實就是最重要的關鍵，即令時光推移，如果這個關鍵問題無法解決，高醫校方與董事會之間的爭執，也不容易處理與落幕。

未來的高醫更需要高醫人的智慧與支持，而無論董事會的組成為何，需要的是具有遠見的董事會成員。校方及高醫校友、在學醫學生，其實都是高醫的無限資產。高醫是一個學術教育機構，培育出的傑出人才，才是高醫的永恆價值，這些接受過哺育的高醫人，未來的回饋與榮耀將光照高醫，這應是當年無論是杜聰明博士、還是陳啟川先生興學的目的。永續的高醫、卓越的高醫、具有獨特醫學研究特色的高醫，才是高醫的金字招牌。

高醫史話，殷鑑不遠，在轉型正義的這一波爭議中，也在考驗高醫董事會與高醫人心中持念的理念與高度。而高醫的歷史，或是北醫的故事，也可以做為臺灣其他私立大學的借鏡。

註一：《北醫故事——一個私立大學的蛻變新生》（金塊文化）。

註二：詳見私立學校法第三節董事會、董事及監察人（十五～三十三條），二〇一四年六月十八日修訂。

註三：林宗義教授於二〇一〇年於加拿大謝世。

Chapter 4

成

14. 三十而立——吳成文回溯臺灣生技發展三十年

二〇一二年五月，吳成文應清華大學之邀，在清大生命科學院以「生命科學研究與生技產業發展」為題演說，他分析因著生命科學研究的突破與創新，對全球民眾健康甚而產業的巨大衝擊，鼓勵在學的莘莘俊彥，必須注意這波生命科學革命世紀的潮流，及早耕耘這塊勢必欣欣向榮的科學苗圃，為自己進而為臺灣拓建新世紀的機會。

這場演說引起了在場學生的諸多迴響，尤其是吳成文回溯當年少之際因追求科學新知而赴笈海外艱困求學的經驗，及單打獨鬥建立學術地位的歷程。那時適巧有位企業大老在媒體伸言，臺灣不需要過多的博士，這番話對在學的學生影響甚鉅，所以，當吳成文鼓勵相關科系的學生何妨力爭上游，往科學研究挺進之際，他的這場演講幾乎是欲罷不能。在場的許多學生紛紛發言詢問，他們將來的發展在哪裡？無論是否攻讀博士學位，或未來畢業之後自己的出路是甚麼？

雖只是一場演講，卻可以讀出臺灣當前生命科學學術研究及生技產業發展之間尚存在著接軌的迷思，這不僅不利於臺灣的生命科學學術發展，也枉費了政府的教育資源。對吳成文來說，演講的背後，其實涉及了臺灣應如何跨入挑戰經濟新榮景的競技場，而這也是他們這代科學人亟思交棒的心願。

上世紀的初始規劃

一九八四年，生物技術開發中心成立（簡稱生技中心），當年成立大會之際，邀請臺灣科技政老李國鼎先生與會致詞，他明確地說道，期許二十一世紀初期，生物工業能成為臺灣的工業主流之一。李國鼎指出臺灣地窄人稠，自然資源與能源均貧乏，生物工業對土地、原料、能源、資金的需求低於一般重工業，也因其為無污染工業型態，可提升臺灣環境與生態的品質，形塑優良的發展環境。

這是一九八四年李國鼎對生物工業的識見，那一年生技中心成立，同時期，中研院覺察世界的趨勢，已經在籌備分子生物醫學科學研究所（簡稱分生所），及生物醫學科學研究所（簡稱生醫所），吳成文亦在海外為成立兩所而奔勞。當時，政府體系對生命科學的未來建置容有憧憬輪廓，不過生命科學的發展必須仰仗已經歷練成熟的科學人才，這也是上世紀，一批期待對家鄉科學研究打樁下基的科學家們回臺的誘因。

一九八八年，吳成文與其他三十多位科學家回臺，成為第一批為臺灣耕耘生物醫學發展的「海歸」學人，臺灣的生命科學研究與生技產業的發展，也自然與吳成文及這一批回臺的科研人才寫上連接號。

生技中心是政府以財團法人觀念，希望邀請民間企業參與，所規劃的基礎性研究單位（註一），當時之構想為，政府推動上游的研究，待研究成熟之後，由民間肩負下游工業。這是上一世紀政府的啟始行動，時光替移，倏忽三十年，吳成文回臺耕耘生命科學基礎醫學研究也將近三十年，親身參與的經歷，正是臺灣這三十年步履的縮影。

吳成文回臺之後，以絕大的精神發展生醫所的學術研究。一九八八年，當時的蔣彥士先生擔任生技中心董事長，他邀請方回國的吳成文進入董事會，期待吳成文對生技中心將來的功能提供建言，並希望與政府已經設立的中研院分生所與生醫所籌備處（當時尚未成所，為籌備處）的研究功能緊密互動，而各自發展所長。

這是吳成文以科學家之視野踏入臺灣生技產業發展的伊始，兼之一九九一年吳成文擔任國家衛生研究院（簡稱國衛院）規劃小組主任之職，這時更是以國家長期發展的高度，盱衡臺灣生命科學研究與生技發展必須互動的重要接連。

一九八八年到二〇〇〇年，是臺灣政治生態丕變之際。一九八八年蔣經國總統於任內過世，副總統李登輝接任總統。一九九六年李登輝成為第一任民選總統，伴隨總統直選，政府的文官體制也逐次變革。二〇〇一年，享年九十一歲於官僚體系、有臺灣科技推手稱譽的大老李國鼎故去。新世紀開始了，政治版圖的更新、科技政老的謝幕，意味著臺灣強人領導的歷史已逐漸褪去。

一九九五年國衛院設置條例在立法院三讀通過，時代替躍移位，臺灣的科技界也加入這場體質更新的蛻變。

傳遞生技產業為新經濟樞紐的訊息

回國之後吳成文在生醫所時期與李國鼎先生常有互動與交集，爾後李國鼎先生年歲已大，身體欠安，所以吳成文也鮮少打擾。倒是兩人對臺灣未來產業的發展有著相似度極高的共識。

當年生技中心設立，李國鼎先生說明這是政府重視生技產業對未來國家發展重要性的認知，也認為生技產業將是臺灣新世紀產業轉型的選項。吳成文當然認同李國鼎先生的觀點，他在生技中心擔任董事之際，同時又肩負創立國衛院的重任，為設立國衛院在全國重要的醫學中心舉辦百場以上的說明會，這時他除了陳述國家設立國衛院的重要性之外，也同時傳遞生技產業將來必是更新國家經濟體質的關鍵樞紐。

吳成文說，生技產業有七〇％的產品來自生醫研究，是一個腦力資源創造知識經濟的產業，它不需要投注高量的能源，沒有環境污染的顧慮，且生技相關產品以提振人民健康為主，有利民眾福祉，而我國也因文化使然，最優秀的學子多數選擇進入醫學院，在這高度腦力競爭的科學環境中，只要政府政策的支持，臺灣絕對有機會打出天下，與他國並肩競爭智財權的利潤大餅，吳成文認為這是臺灣新世紀的另一個大好機會。

基於這樣的理念，吳成文自生醫所時代、同步籌設國衛院，及擔任生技中心董事之餘，不斷呼籲及傳達上述理念，甚至促使企業界重視國際生技產業發展的趨勢。三十年來，他對臺灣生命醫學研究，甚而生技產業的奠基，始終心繫胸懷。

先從中研院生醫所時代說起，一九九三年十二月一日，生醫所正式成所，吳成文為第一任所長。一九九四年李遠哲擔任中研院院長，甫回國的李遠哲對臺灣的教育非常關切，然身為中研院院長，也同時關心臺灣的學術與經濟前景。在美國之際，李遠哲與吳成文已經相熟，回臺擔任中研院院長，李遠哲自然與吳成文多所接觸，他也認為中研院在生物醫學研究領域，以國家的高度，可以再多承擔一些功能。李遠哲把這個任務交給了吳成文。

這時候的吳成文擔任生醫所所長，那時為中研院最大的研究所，他同時擔任國衛院籌備處主任，及生技中心執行董事，加上主持中研院生物科技發展所成立的委員會，多重角色的交疊，逐漸地醞釀出他對發展臺灣生物科技產業各個研究單位整合合作的藍圖。這也是他在國衛院成立之後，為臺灣的學術單位、企業團隊所擘劃出的臺灣生技產業產學合作模式（詳下文），這份草圖在他的心中，驅使他一步步向前。

前觀產業蛻變，一步一腳印耕耘

接下了李遠哲院長的託付，他成立中研院生物科技發展委員會，首先整合中研院與生物科技相關的研究所，區分為兩大研究區塊，一為醫學，一為農業。醫學首由曹安邦院士負責，農業則是吳瑞院士領軍，不過因為兩位院士在美均有學術的職務，回臺時間有限，在規劃了整體的架構之後，兩位院士與吳成文商議，必須延攬人才接續所規劃的研究業務，才能落實中研院生物科技的後續成長。

於是，醫學區塊由自美國國衛院返臺的劉德勇教授接任，劉德勇教授同時擔任生物化學研究所所長；過不久梁啟銘博士亦返國，梁啟銘之後除擔任中研院公共事務組主任之外，同時肩負中研院生物技術研究成果技術轉移的重任。而農業則是由方回國擔任植物所所長的楊祥發院士接任，楊院士爾後又擔任中研院副院長。重量級科學家相繼為中研院的生物科學研究及其衍生的生物技術發展，投注相當多的心力，也奠定中研院在後基因體世代生命科學學術發展的方向。

上述為臺灣貢獻過心力的科學家，如曹安邦院士、吳瑞院士、楊祥發院士，均已謝世，劉德勇教授亦在階段性任務完成後回美。中研院是國家最高及最重要的學術研究機構，要整合各研究所的研究方向及快速迎擊生命科學這一波來勢洶湧的浪潮，也是相對不易，早期吳成文與故去的幾位院士在中研院均扮演推波助瀾的角色，吳成文特別懷念老友們的協力，中研院生命科學研究有現今之景觀，當然不能忘記他們。

在這同時，因為規劃國衛院的設立，吳成文與行政體系主掌科技的政治人物，總有接觸，當時的大環境為政府已經瞭解生技產業的重要性，在行政部門通過各種鼓勵方案，例如「科技人才培育及運用方案」、「加強生物技術產業推動方案等」，但是各部會慊於互通有無，總是獨行其事。那時曾經為財政部長之徐立德擔任行政院副院長，有次吳成文因公與之會晤，談及臺灣生物科技的發展遠景，及世代交替後臺灣應如何接續未來的經濟局勢，吳成文建議徐立德說：

「當年，臺灣資訊產業能夠在世界的經濟舞臺上站了起來，與李國鼎的遠見及帶領有關，現在，臺灣的生技產業也需要一位政府重量級的人物領導。」吳成文建議徐立德副院長挑起這個擔子，這是以行政院的層級來整合各部會能量，也能避免資源重置或是各自為政、互不合作的情況。

徐立德也認為這是鼓勵生技產業發展一個好的開始，不過當時因為李登輝與連戰將搭檔競選第九任總統、副總統一職，徐立德擔負選舉重任，分身不及，所以在組織了行政院生物科技跨部會會議之後，成立行政院生物技術產業指導小組委員會，徐立德將主委的重任交由曾擔任國科會主委、時任科技政委的夏漢民，吳成文亦為委員之一。

這個委員會的功能為以行政院的高度，促使包括法規的修訂、投資環境的友善、人才培育與引進，及生技園區的規劃等，小組成立之後，爾後均援例由主掌科技的政務委員擔任召集人。

當時吳成文建議徐立德擔此重任，認為以徐立德豐厚的行政經驗，及行政院副院長的高度，可以成為臺灣科技界第二位李國鼎，由他登高一呼，為臺灣的生技產業開疆拓土。然時空替易，臺灣的政局也在時代的挑戰下，相對地不穩定，此議難以貫徹。雖說在吳成文建議後，指導小組亦集結了國內官、學界的參與，也發揮了某種程度的效應，只是今日回憶，吳成文還是慨嘆政府部門無法發揮領頭效應，如此快速的政局不變，減損了起跑的動力，令人惋惜。

應整合學術職能各擅所長

倒是國衛院成立之後，吳成文因擔任生技中心的執行董事，對於如國衛院與生技中心這兩個以國家資財所成立的學術單位，有了更多合作與互補的勾畫。

早期生技中心成立之際，在田蔚城執行長的帶領下，打下了堅實的基礎研究能力，不過政府設立生技中心的初衷，旨在推動臺灣的生技產業發展，當時吳成文的構思為：以國衛院的基礎醫學研究為上游，生技中心的學術人力為中游，生技中心可承接上游的研究成果，如進行產品前的毒理試驗等，再將成果移轉給下游如經濟部所屬之工研院，待技術成熟之後，再交給民間企業進行市場開發及量產。如此一條鞭的接軌，從實驗室到民間，均有專業的學者把關，所釋出的生技產品具有科學實證，在市場的利基大，對臺灣的機會也較大。

那時生技中心董事長為尹啟銘先生，在田蔚城執行長下任之後，尹啟銘邀請吳成文進行評鑑，吳成文對生技中心的學術功能，提出如上的建議。他對尹啟銘陳述，因為生技中心成立較早，當時臺灣有關生醫研究的其他學術單位尚未建置，也因此早期生技中心的發展，必須由基礎研究開始，但現在臺灣的其他學術單位已經成立，中研院生醫相關的研究所及國衛院等，學術的成績一路向前，生技中心必須另起爐灶，這同時，以曾經紮實研究所訓練的人才，進入第二階段的發展，來承接上游學術成果，擔負起中游的樞紐角色，若生技中心如此轉換，對臺灣的生技產業貢獻指日可待。

尹啟銘接受了吳成文的建議，並希望吳成文推薦生技中心新任的執行長人選，這時候，吳成文想到了從清華生命科學院院長卸任的張子文教授。

吳成文在美國為臺灣的分生所徵才之際，就曾試圖延攬張子文回臺，不過那時張子文刻正創業，時機不宜，無法如願。但是一九九六年，劉兆玄及沈君山邀請已經創業有成的張子文回臺擔任清華生命科學院院長，當吳成文要為生技中心推薦執行長之時，張子文已經從清華的職務下任。吳成文認為他是現階段領導生技中心最適當的人才，在於張子文具有深厚的學術能力，同時已有成功技轉生技藥物的經驗，是當下生技中心執行長的不二人選。

二○○○年，張子文擔任生技中心執行長。生技中心經過了前後十六年，進入了另一階段的發展。二○○一年，在張子文任內，生技中心成立了臺灣首座官方認可的GLP毒理實驗室（國際AAALAC完全認證動物房），眼見生技中心踮足步軌，已經一步一步地走出自己的功能角色，吳成文心中寬慰不少，他想著自己也算是為生技中心盡了一份力。

擘劃出新世紀成熟發展藍圖

二○○○年，陳水扁先生當選總統，新政府、新思維、新佈局，即令是學術單位也意識到這股氛圍，生技中心為政府成立的財團法人，新政府上臺後，董事會以及董事長任期一到，勢必有新的變動，吳成文覺得自己在生技中心的階段任務已了，認為該是歸去的時候了。

二○○三年，來自業界的何壽川先生接任尹啟銘擔任生技中心董事長，吳成文離開董事會，不久，張子文先生也卸下執行長的職務。吳成文期許生技中心在新的領導團隊帶領下，真正為臺灣的生技產業發揮其重責大任，因為他心中更關注的是，臺灣的生技產業一定要盡快站起來，吳成文常說：時間不等人、機會不等人、競賽更不會等人，臺灣要跑得快啊！

大環境不變，吳成文其實更是忙碌，在於國衛院於一九九六年成立之後，因其創院宗旨為以任務導向的研究，來解決臺灣所面臨的重要醫藥衛生問題，及發展尖端的生物醫學科學，進而整合協調國內重要的醫藥研究領域，期激勵縕發臺灣的學術能量。身為國衛院的掌舵人，他的腳步不能停滯，必須帶著國衛院做出成績。

科學研究需要卓越的科學人才領導，吳成文花了八年的時間，才成功在國內外延攬了國衛院十個研究組的組主任（註二），他們均是各領域的學術領導人物。人才鍵入後，國衛院快馬加鞭，這段耕耘的時間，國衛院學術研究的發展穩健地奠定。而這時更重要的是國衛院永久的家，當時政府核定國衛院在新竹科學園區的竹南基地建立院址，吳成文卯足驅力，鞭策國衛院院區的興建，希望在國衛院成立十週年之前，遷入竹南院區。

吳成文對國衛院的學術發展定位有其願景藍圖，國衛院是根據醫界共識所創設的學術單位，肩負國人健康及國家未來在醫藥衛生領域發展的重責大任，於是國衛院其研究及組織功能，劃分為四大區塊（如下頁圖所示）：

1.以基礎醫學、轉譯研究、公共衛生來進行院內學術研究。

2.提供研究經費、舉辦學術新知活動，以共享的學術資源支援學界的研究發展。

3.在政策上，積極進行醫藥衛生政策研究，並集結我國學術人才建立論壇，扮演智庫功能，企望為政府相關政策提供具學術基礎之建言。

4.將生物科技與製藥、醫學工程、臨床試驗的學術成果，轉介給業界，以推動生物技術產業。

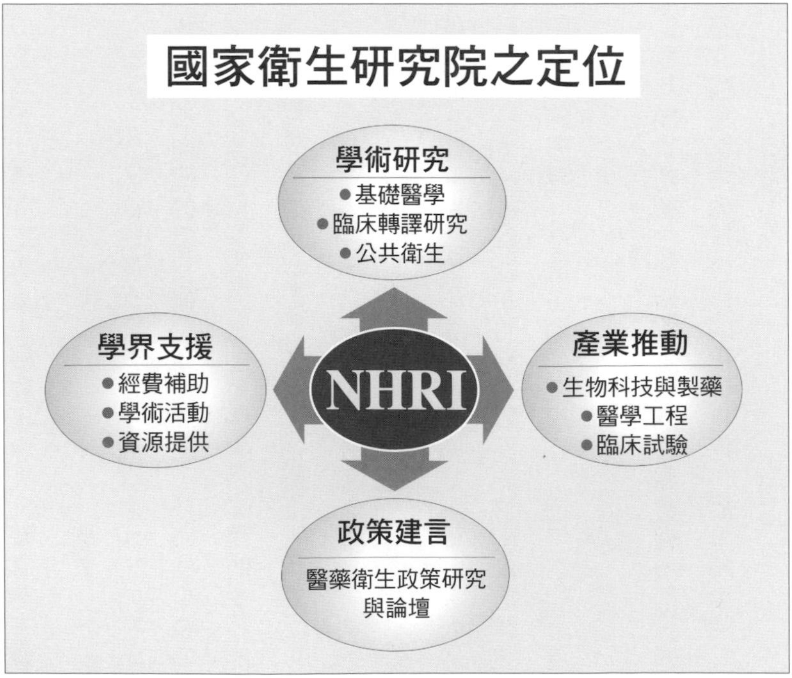

所以，就國衛院之十個研究組，及四個研究中心，其中攸關生技產業的就有：生物技術與藥物研究組（簡稱生藥組）、分子基因與醫學研究組（簡稱分基組）、醫學工程研究組、奈米中心、疫苗中心，及配合藥物臨床試驗的臺灣癌症臨床研究合作組織（簡稱TCOG）。透過TCOG臨床三期的新藥試驗，不僅國衛院的研究發現可進入TCOG進行臨床試驗，其實，更是其他研究單位包括業界發展新藥的機會。事實上經過TCOG組織嚴謹的臨床試驗，國衛院已經長期幫助了民間企業發展新藥，並成功上市（下文詳述）。

吳成文把國衛院的學術定位架高到以國家醫藥衛生學術發展的眼界，來推動產業經濟發展，在此前提下，院內的學術研究，就不僅於科學家的自由創意研究，而是有任務導向之標竿研究，其研究的重要導向之一是以發展臺灣的生技產業為切入點，甚而是其他科技大國難以進入的板塊。

此板塊包含臺灣及亞洲特有的流行疾病：B型肝炎、C型肝炎、登革熱、七一型腸病毒感染，及新型感染疾病，如SARS、禽流感等；另一個重要的疾病為國人特有的癌症類型，如肝癌、肺癌等。所以，國衛院的研究不是漫天撒網，其科學的研究實力展現在為國人健康把關，為產業開拓新機會的路徑上。

二〇〇四年十二月，國衛院全體同仁搬入竹南院區，國衛院全員興奮異常，終於有了自己的「家」。二〇〇五年，國衛院十週年院慶在竹南園區舉行，這正是清點國衛院學術成績的時候，尤其是推動生物技術研究成果這一範疇。吳成文在國衛院設立之際，即令尚無自己的院區之前，仍不斷極力驅策，他知道這是與時間的競賽，而國衛院也的確交出了成績。

國衛院任務導向研究——新藥研發有備而來

國衛院創立十年之後，才有自己的院區，但是國衛院的研究業務在設立之前，已經如火如荼地進行，研究組的任務是以國家未來的需求為高度，所以，領導人非常重要。吳成文延攬人才，均經過細緽的思慮，他知道國衛院生藥組攸關臺灣未來產業的升級，生藥組組主任除了學術的視見之外，更必須要有實務的經驗。而生藥組的第一位組主任為許明珠博士，即是他從美國羅氏藥廠聘請回國的。

許明珠的先生為曾擔任陽明大學副校長的徐明達，為吳成文在生醫所時延攬回國的學者。當時徐明達隻身回臺，吳成文心中一直過意不去，也希望未來有機會可以邀請在羅氏藥廠擔任研發部主管的許明珠回臺，但是生醫所的業務以基礎研究為主，難以提供可能。

直到國衛院成立，生藥組需要卓越的領導人，吳成文想起了許明珠，覺得她是適任的人選，國衛院的國際遴選委員會經過嚴謹的評核，也一致推薦許明珠，一九九八年許明珠回國，擔任國衛院生藥組首任組主任。

許明珠在國衛院三年，這一段時間，她積極規劃國衛院藥物研發的基礎設備，設立全國化合物總集中心，引進機械手臂，建立高速自動化藥物篩選機制，短短的兩年之內，已經獲致有潛力的抗癌先導藥物，並進行其衍生物的合成。除此之外，還主導「製藥與生物技術國家型計畫」，結合產、官、學、研的能量，期為臺灣新藥的研發，創造最有效與最快速的成果。

但是許明珠回臺最大的夢想為創建新藥生技公司，她二〇〇〇年離開國衛院，二〇〇一年得到行政院開發基金與永豐餘等企業之投資，成立太景生物科技有限公司。國衛院生藥組雖頓失領導，這時候生藥組學術諮詢委員會的鄭永齊院士與羅浩院士，及時伸出援手，兩人決定先後回臺，接起生藥組的研究業務，除了幫助生藥組如常運作之外，同時也積極尋找生藥組未來的領導人。

生藥組繼任的組主任就是在兩位院士的熱心推薦下，為國衛院探訪到當時擔任默克藥廠特聘資深研究員的趙宇生博士。趙宇生是一位具有實際成功研發新藥的科學家，默克藥廠有兩個重要的上市新藥均出自他所領導的團隊。二〇〇二年，趙宇生博士自美返國，繼任生藥組組主任，他在國衛院已經建立的基礎上，重做調整，發揮生藥組「小而美」的研發動力，積極提升生藥組進入創新藥物的研究領域，在他領導下的生藥組，其企圖心是將本土研發成果推上國際。

趙宇生將生藥組的藥物研究鎖定在「關懷生命與創造知識經濟的實用科學」上，希望生藥組建立與支援國內新藥與生物技術的研發機制，以本土性疾病與重要疾病之治療藥物出發，據此來建立技術平臺，利用優秀的藥物探索與化學合成技術，進入新藥研發真正的跨躍性進步。

例如致力於國人重要疾病新藥的探索，包括本土性的腸病毒、登革熱、C型肝炎、SARS，及肝癌、新型癌症口服藥物、糖尿病等。趙宇生回臺四年後，生藥組已經有接近四十項的專利案申請，其中包括對抗SARS之有效化合物、有效之抗肝癌藥、抗腸病毒藥，及糖尿病藥物等；上述並已獲得四項美國專利。值得一提的是，過去，我國製藥多以學名藥為主，國衛院所獲得之專利均為新穎化合物，未來可提供給相關業界進行量產，將是國人製藥產業的一大突破。

舉國衛院抗煞藥物的研發背景為例：SARS（緊急呼吸道感染症候群）發生時，於全球引起驚慌騷動，因為已經形成跨洲際感染的情勢，WHO與各國政府嚴陣以待。這時國衛院發揮了最佳的團隊合作模式，除了快速制訂SARS實驗室診斷準則，分基組協助臺大醫院進行第一株SARS病毒基因之定序與解碼，有此科學基礎，之後迎戰的就是生藥組進行抗SARS藥物的研究。生藥組的科學家，以最快的速度找到對抗SARS冠狀病毒的有效化合物。這時臺灣的研發動力，讓WHO也不由側目，沒想到一個小小的彈丸之地，有如此科學的高度。

當然上述的成果，是國衛院以國家最重要的醫藥學術機構的眼光，長期與各學術單位合作，進行重要的學術研究計畫，基於此組織架構，方能在最短的時間內以國衛院為首，整合大家的學術能量，科學家們一起攜手合作，來為臺灣的生物科技打下江山。這些成績，都必須經過努力不懈的長期耕耘。

任務導向研究——開展先進疫苗自製能力

再舉疫苗製劑為例。過去我國血清疫苗製劑能力不差，曾經有外銷他國的榮景，但當新科技突起，舊疫苗製劑由於市場固定、效期短，且因投資高、利潤有限等因素而無法大量生產，導致我國疫苗生產與研發能力原地踏步，至為可惜。無法自製疫苗，首當其衝威脅的是人民健康，其次也是我國科技能力停滯不前的警訊。

國衛院在二〇〇三年承接政府的「人用疫苗自製開發計畫」，希望興建一座符合cGMP現代化生物製劑的疫苗先導工廠，來架構上游研發之科技功能，以進行基礎研發暨臨床試驗，藉先導工廠之形式轉介成熟科技交由下游疫苗工廠量產。國衛院的先導工廠責任重大，扮演著疫苗研製過程內，連結中、下游的推動角色，因之疫苗研究中心的領導人必須肩負重擔，從建廠到研發，甚而未來建立技術平臺，轉移相關技術給下游廠商等，而要覓得如此人選，並不容易。

國衛院疫苗中心的首任主任為來自業界的莊再成博士。那時莊再成為美商聯亞科技（United Biomedical Inc.）副總經理，負責該公司的疫苗研發業務。莊再成的學經歷完整，曾在加拿大的疫苗與免疫學中心擔任研發長，於聯亞公司工作之際，該公司最知名的兩項研究成果「豬隻口蹄疫疫苗」及「合成寡鈦氨基酸疫苗」，均是在他手上進行的，是國內少有兼具大型疫苗藥廠專研能力暨實務經驗的科學家。

二〇〇三年莊再成到職，擔任國衛院疫苗研究中心主任，二〇〇四年國衛院提出規劃完整的疫苗先導工廠計畫書，這同時，疫苗中心亦加快研究腳程，積極進行相關疫苗的研發，例如SARS重組次單位疫苗、細胞性流感疫苗、細胞日本腦炎病毒疫苗等。疫苗研究中心的研發團隊不敢懈怠地抓緊時間往前跑。

二〇〇五年，國衛院疫苗研發中心生物製劑先導工廠於竹南院區動工。這座先導工廠佔地兩千坪，設計與細部規劃符合我國藥證法規與美國FDA cGMP，及歐洲PIC/S設廠標準與規模，規劃有卡介苗廠房、細菌性疫苗先導廠房、病毒性疫苗先導廠房，及生物製劑先導廠房。國衛院疫苗中心希望統合研發、先導生產及量產之一貫體系，進而建立臺灣特殊流行性感染疾病疫苗之研製與量產能力，這座疫苗先導工廠的責任重大。

二〇〇八年疫苗先導工廠啟用，與之一同快馬加鞭的疫苗中心研究成果豐碩。如，疫苗中心於二〇〇六年先導工廠未建置完成之前，以飛快的十個月時間，完成H5N1流感疫苗緊急生產技術之開發，並於二〇〇九年以所研發的細胞培養出H5N1新型流感疫苗（ProVEU防流感），執行第一期人體臨床試驗，此為我國第一個由國人自行研發至人體臨床試驗的人用新型流感疫苗。

而在一九九八年臺灣發生腸病毒七一型風暴，感染人口達一百五十萬人，且導致七十八位兒童猝死的重大疫情，在病毒確認等基礎科學研究之後，國衛院所研發的疫苗，也於二〇一〇年開始進行腸病毒七一型受試者的疫苗施打作業。這在在說明，我國生技產業的科學研究能量已經具有相當的實力，必須在如此堅實的基礎上，盡快將研究成果轉移到業界，才可在這因生物科技突進所引起的新經濟產業浪潮下，找到自己的競爭利基。

有企圖心地促長生技產業

這是吳成文回臺之後，面對新世紀可預見的生技競賽，所反芻出之國內學術研究策略化思考的方向。而多數時候，是從他在生醫所時代，及擔任國衛院院長之際，有計畫地把臺灣未來生物科技發展的面向與學術研究結合起來，形成具競爭力的學術計畫，進行科學研究，他期待這些成果將來均可轉介給產業界。除此之外，更透過各種學術活動，藉此來吸引卓越學術專才回臺。撒種與耕耘是需要時間的，現在回觀這一段歷程，吳成文已經看到了豐碩的成果。

例如，他時常藉助舉辦國際研討會時，邀請華裔在美的科學家返臺，無論是學術演說、或是參與學術會議，吳成文以學術交流的方式，幫助離鄉的科學家了解臺灣，也創造機會促使有心回來的科學家，知道自己在哪一方面可以著力。

實例一：臺灣神隆公司

已於二〇一四年自神隆退休、有臺灣生技「教母」之稱的馬海怡，她決定回國的關鍵之一，就是因參加了吳成文在生醫所時期所舉辦的學術研討會，當時她在美國知名的化學大藥廠辛泰製藥（Syntex Pharmaceutical）擔任生物與技術移轉的副總經理。那時際她與同是辛泰製藥研發部門的副總經理詹維康回臺參加了這場學術會議。會議中，吳成文一再說明臺灣新世紀需要新的競爭力，生物科技絕對是一個機會，希望有此長才的科學家回國，為家鄉打出天下。

也許是這一席話，讓馬海怡與詹維康放進心裡。回美之後，一九九四年辛泰藥廠被羅氏（Roche）併購，身為華人，馬海怡與詹維康也知道人在國外，他們這批高階主管永遠會碰到升遷的玻璃天花板，再也無法突進，也因為辛泰被併購，兼之臺灣政府正積極推動生物技術產業，兩人決定回臺，設立原料藥廠。一九九七年，他們的計畫得到行政院開發基金及重量級統一企業的支持，臺灣神隆在臺南科學園區創立。

這是一段艱辛的創業過程，製藥產業為以人才為本，需要深入與專精的規劃，尤其是市場的判斷，神隆在創業之初即瞄準國際性的原料藥，也因為有科學專業人力的加入，神隆在學名藥的原料供應上，選擇以抗癌藥為大宗。經過了十餘年的拼鬥，現在已經成為國際抗癌藥原料供應的領導品牌。

二〇〇一年與二〇〇三年，吳成文在國衛院院長任內，曾造訪神隆兩次，那時神隆尚在虧損之中，經營團隊挺得非常辛苦，吳成文對馬海怡與詹維康的幹勁印象深刻，而在參觀了神隆的廠房與實驗室，及瞭解神隆的市場企圖之後，卻已經知道，只要挺過幾年，神隆的高品質原料藥，一定會站起來。當時，他一直鼓勵兩人，為他們加油打氣，覺得神隆絕對有伸展的機會。

果不其然，神隆熬過八年的虧損、到補齊虧損、到上市、到二〇一三年營收超過五十億元、到大陸常熟藥廠落成，長長的十八年，神隆帶出了臺灣，也帶出了我國生技業的前景與品牌。

這是第一代神隆創業夥伴的成功，即令詹維康與馬海怡先後交出棒子，臺灣的神隆已經成為國際十大學名藥廠的關鍵夥伴，踏穩了這一步，神隆業已計畫開發製劑的服務，與下游廠商合作進行歐美藥品之查驗登記，及未來可以有機會外銷終端產品。而這正是吳成文回臺之後一直呼籲的，必須要藉助生技產業的勝處，賺取智慧財產的利潤。當年有心邀請馬海怡與詹維康回臺參與學術研討會，這一顆種籽，終於發芽成熟，有蔚成大樹的氣候了。

實例二：懷特生技公司

上述是成功的一個實例。吳成文強調，必須將實驗室的研究能力與產業結合，同時藉助嚴謹的臨床試驗，開發新的生技型產品。他在國衛院擔任院長之際，就以如此的理念，進行策略化、有標的之學術研究，耕耘了這麼多年，國衛院的學術成果，也進入了業界的市場搖籃中。

華人社會原就有使用生藥材的傳承，國衛院於設立之前，本來有計畫在研究組中，設立有關中醫藥的研究組機制，然卻遭到中醫界的反對而無法如願。吳成文其實一直掛念在心的是傳統中藥材的研究，他知道，新藥的研發時間長，必須要有政府及業界強而有力的支持，不過傳統為國人習以引用的生藥材，已經有長期人體使用的歷史，如果可進行科學化的研究，只要臨床上證實藥品的安全性，及運用對症下藥的選材方式，那麼以熟知的生藥材所衍生的植物新藥，機會甚大。

國衛院在癌症研究組成立之後，已經建置完善的TCOG臨床三期試驗模式，這個組織加上癌症研究組的研究計畫，及國衛院生物統計與生物資訊研究組的專精數據，足以幫助業界進行生技新藥的臨床前暨臨床試驗。

這成功的實例，是由美吾華公司轉投資的懷特生技公司，針對癌症病患在使用化療藥之後，無法去除的嚴重疲憊等之後遺症所研發的新藥——二〇一〇年取得全國第一個新藥藥證之「懷特血寶注射劑」，即透過國衛院的系統進行嚴格實證所蘊生的科學果實。值得一提的是，它就是用傳統植物生藥材黃芪研發出的注射針劑。這正如吳成文所說的，生技產業必須以策略化的思考，進行有效研究，臺灣的生技產業方有成功達陣的可能。

二〇一四年，緣於當年吳成文在國衛院的支持，即令吳成文已經自國衛院院長下任多年，懷特公司董事長李成家和曾經擔任國衛院董事、同是懷特公司副董事長的陳寬墀還特別宴請吳成文，感謝他在任內協助懷特進行相關的臨床試驗。而當全世界的大藥廠發現可以選用已經累積千年人體使用經驗的植物生藥材，再截取針對疾病為標的之研究模式（disease-targeted），並以亞洲市場做為將來上市成功的雄厚後盾，認為這是研發新藥的捷徑之際，臺灣因為擁有華人使用生藥材的文化基礎，更可以一試。吳成文認為懷特成功的案例，可以讓其他生技業者借鏡。

實例三：杏國生技公司

國衛院生藥組已經發展出新穎化合物之候選藥物，也需要轉介到業界。二〇〇八年杏輝醫藥集團結合國衛院的新穎小分子新藥，成立杏國生技有限公司，技轉國衛院之兩項癌症用藥，其中一項已進入第一期臨床試驗，這也是由臺灣自行研發進入臨床的第一個研究成果。

杏國成立的策略以潛在市場利基、新穎藥物、快速審核，及孤兒用藥等四大訴求，做為新藥的評選原則，未來國衛院的新穎候選藥物，若是進入臨床三期，將需要大量的資金，杏國將有機會掛牌上市。

這是實驗室促動產業升級的一個實例，當年吳成文對生技產業的願景即著眼於此，希望在這最短的產品鏈上，為臺灣找出競爭力的堡壘。也是二〇一四年，杏輝董事長李志文同樣邀請吳成文到宜蘭的藥廠參訪，吳成文想著，他自國衛院下任將近十年了，大家還記得他領航國衛院時，為臺灣未來生技發展所打下的基礎，參觀杏輝的廠房，讓他覺得回到臺灣，終究能為臺灣留下雪泥鴻爪的痕跡。

吳成文所舉上述的實例，均經過非常艱辛的創始路程。參與神隆創建的詹維康即說道，有人認為臺灣沒有最上游的研發人才，其實不然，因為多數是沒有走出實驗室。他還指出，生技產業是一塊新生地，業界與學界需要磨合的時間，當神隆初創時，學界與業界的合作還在摸索中，業界不知道如何把自己的需要告訴學界，學界不知道業界可以做到哪種程度，而學界如何釋出研究成果，這是專業上互動的辛苦。想當然爾，還有在數年虧損之下，資金的募集，及如何讓投資的企業相信這是一個將來的金雞母，這些都是生技公司要挺立之前必須克服的難關。

政府政策支持，才是成功關鍵

然除此之外，吳成文認為最重要的其實是政府在政策上的支持，說這話的吳成文其實是有感而發的。

也是在二〇一四年，曾經擔任行政院院長的劉兆玄到中研院演講，那天他說及臺灣的生技產業有如牛步，沒有預期中的成果，他認為學界的動作太慢。在會場中的吳成文不以為然，他舉手說道，這不是事實，劉兆玄並不同意，他請吳成文說一說成功的例子。吳成文說起了二〇一三年所發生的H7N9禽流感的案例。

吳成文說，當H7N9發生之際，因為擔心引起大規模的感染而全球悚然，這時候需要的是大量的疫苗以進行防範，當時的衛生署公開徵求H7N9的疫苗研發補助案，為「雞胚蛋培養」及「無血清細胞培養」這兩項計畫，國光疫苗及國衛院都做到了。之後政府責成國光製作一千萬劑施打，同時要求國衛院在萬一施打有狀況之際，為後續準備之用。那一年，臺灣施打了五百萬劑之多，這是臺灣自己製造的疫苗，安度了禽流感H7N9威脅人民健康的危機。學界的研發及反應沒有讓政府失望。

吳成文這時對與會的學者說出成功的關鍵就是政府政策的決心，因為在H7N9疫情緊急發生的當下，國家處在無疫苗可用的狀態，政府必須做出決斷，讓臺灣自己來，而且臺灣做到了！看得到的因素在於，只要政府的政策支持，學界的表現絕對不差，大家也一定看得到學界的成果。一席話，讓在座的人信以為然，而這番話，也是吳成文一直希望政府高層聽進去的。

生技產業需要政府策略的支持。猶記得一九八四年，生技中心成立之際，上世紀的科技大老李國鼎先生曾提到，政府要負責推動基礎性的上游研究，而且要有長程的發展計畫，幫助基礎研究的成果工業化。這是當年成立我國第一個生物技術開發中心的理想。經過這三十年學界的培育，上述H7N9疫苗製劑的案例，其實是一體兩面反映出臺灣目前生物科技界的實況。

成功與光亮的一面是，臺灣的學界有能力及有實力，去執行民眾健康需要的科技支援；但隱藏的另一面是，政府政策的擺盪，及政治的不穩定，國家的科技政策只見眼前的需求（註三），而放任科技研究「逐水草而居」，隨著政府的科技政策而變動，浪費了國家的學術資源，殊為可惜。

與時間競賽，臺灣必須加快腳步

吳成文回臺迄今將近三十年。在中研院時期，除了全力開拓生醫所的學術研究、為國家創設國衛院之外，他同時還協助中研院院內有關生物科技相關的研究業務，為中研院未來進入生技研究領域建立了入門的臺階。而在國衛院擔任院長時，更是以策略化的思考，導引國衛院進入任務導向的醫藥衛生研究。這段時間，無論當年如何透過各種學術活動的興辦、學術計畫的徵求，及公開的學術會議等，吳成文一再強調臺灣新世紀的競爭機會，就是要盡快以尖端的生物醫學科學，來為臺灣解決醫病問題之外，同步進入生技發展的產業。

一路走來，任重而道艱，沿途播種，努力耕耘（註四）。身為一位站在世界潮流上的科學人，回到臺灣，總希望為臺灣經營出學術基礎，及秉持高過學術成就的心意來回饋社會，這幾年，他終究感覺到有些許的成果。有人稱許他為臺灣的「生醫開拓手」，吳成文卻知道，目前臺灣的科技界，不會再出現如上一世紀李國鼎般之科技強人，在於時空丕變，臺灣無論是政府或是科學界，也無法以一人的領導來肆應全球蠶食生技市場的局面。

臺灣生技產業的發展需要政府、學界、業界的通力合作，上述吳成文曾參與的幾個實例，在成功的背後有著所有參與者諸多的心血，透過如此的敘述，吳成文認為臺灣其實有機會做得更好，而他想說的還是這句話：時間是不等人的，臺灣，請加油！

註一：生技中心的規劃歷經三十年之發展，其功能亦經逐次修正（詳見《三十行路雲和月——走過臺灣生技30年》，生技中心出版）。

註二：國衛院建院之初，規劃的研究組為：癌症研究組、臨床研究組、生物統計與生物資訊研究組、生物技術與藥物研究組、分子與基因醫學研究組、老年醫學研究組、醫學工程研究組、醫藥保健與政策研究組、精神醫學與藥物濫用研究組、環境衛生與職業醫學研究組。及爾後新成立的四個任務研究中心：幹細胞研究中心、奈米醫學研究中心、衛生政策研究中心，及疫苗研究中心。不過目前國衛院研究業務之組織型態已經有所更動。

註三：更詳盡的內容，詳見下文二篇（P.260、P.274）。

註四：文中所陳人事，或因卸任、退休（如梁啟銘博士、趙宇生博士），或經職務之變遷（如莊再成博士回到業界），已有所更動替易。唯本文旨在記述吳成文院士與文中所有科學家參與國家生技發展，大家一起協力提供其角色功能之際所衡觀之紀實，盼以臺灣三十年生技發展為借鑑，期許臺灣再往前邁進。

15. 國家型計畫退場了！——熄燈號後的故事

二〇一二年四月二十四日，當時的國科會主委朱敬一在記者會中表示，國家型科技研究計畫（簡稱國家型計畫）將有退場機制；朱敬一說明，學術界質疑國家型計畫排擠國家研究經費，而在國家財政困窘、預算緊縮之下，經過國科會委員會的決定，將重新規劃國家型計畫之轉型或是退場機制，未來計畫的總體規劃將由「集權式統包」改為「計畫性分包」，這樣可避免「所有人才全數涵納在單一大計劃之下」，進而健全評審制度，強化國家科技計畫的管理（註一）。

吳成文看到這則新聞，思緒抓回昔日所參與的場景。

經過這十年，國家型計畫對學界造成的牽引效應，及當年他一直期待政府的科技經費不能過度集中、甚至是以由上而下（top down）來形成龐大的計畫——其實，當時形成國家型計畫過程中曾引起多數大學和學者的反彈。而在國家型計畫終臨落幕之際，吳成文思索的是國家的科技政策，如何以穩健的步伐結合學術界的能量，真正來幫助臺灣未來的科技發展。

這時候，正可以透過國家型計畫形成的歷程及退場尾聲，反觀十餘年來國家的科技作為。

行政院會議的重大決定

二〇〇一年，吳成文於國衛院院長任內，一天清晨七時左右，接獲行政院的緊急電話，請他於上午九點務必到行政院，有重要的會議。當吳成文趕到行政院參與會議，眼見重要部會的部長、或副部長均在列，及當時國家的首席科技顧問李遠哲擔任主席。會議開始，才知道為討論臺灣有關生物科技的相關預算，而與會者唯有李遠哲與他代表科學界。

會議甫開始，李遠哲開宗明義地表示，陳水扁總統要發展臺灣的生物科技，來建立臺灣新世代的經濟競爭力，之後話鋒一轉，詢問吳成文一年生物科技的預算要多少才足夠？吳成文沒想到李院長會這麼急速地問他，想了一下回答說：「這是一個很大的問題，必須經過仔細的評估，今天一早被通知來參加會議，準備不及，無法冒然地回答。」

李遠哲接著諮詢道：如果是一年一百億，足不足夠？吳成文回應說：「如果是以歐美及日本的標準，一年一百億的數字當然是比不上的，但現在國科會我國的科技預算大約是六百億，以這個做比較，一百億當然是夠多了！」

李遠哲說：好！我們定了，就一百億；但是會後大家不要宣佈，下午總統的行程在花蓮，這是總統的政績，由他來宣佈。果不其然，當天陳水扁總統邀請媒體主管的「新世紀臺灣行」落腳花蓮的東華大學，同時聽取經建會主委陳博志報告「生物技術產業行動計畫書」的簡報。會中，總統強調，面對全球產業的競爭，臺灣生物科技是「今天不做，明天就會後悔」，雖然目前國家的財政困難，但是生物科技研發的投資卻不能少。

陳水扁總統宣佈投入百億科技經費

陳水扁說，未來五年內，政府將每年投入百億以上，預期五年內投入五百二十億元的經費，進行生物科技研發，讓生物科技可以像臺灣的半導體產業一樣成功輝煌。陳博志在報告中也指出，政府規劃建立臺灣成為國際生技社群研發與商業化的重要環節，未來五年發展目標訂為營業額每年成長二十五%，帶動一千五百億元的投資，十年內成立五百家以上的生技公司，並提供兩萬五千個就業機會（註二）。

這是就一百億元生物科技預算，是吳成文於二〇〇一年五月的記憶，及隔日的新聞報導，這也是國家型計畫要形成之前吹響的號角。

當時吳成文想著，對於臺灣發展生物科技產業的政策，也許府、院早有共識，李遠哲院長也盡力與政府配合，以首席科技顧問的角色來執行府方的計畫，是箭在弦上了。

總統與媒體主管的新世紀臺灣行，在花蓮宣佈這個重大的決定，也算提供給隨行採訪的媒體主管新聞露出的亮點，為政府的政策透過傳媒來宣示。只不過這一百億元之經費未來如何執行，及政府是否已經有了具體的計畫，才是重點。身為一位目睹及參與生命科學革命與研究的科學人，當然欣喜於政府有此遠見，他也期待著後續的具體作為。

過不久，行政院生物科技指導小組（註三）再一次召開會議，當時指導小組的主委為科技政委陳錦煌，會議由他擔任主席。吳成文參與會議，在場的有國科會的代表，其他部會的政府官員，及中研院副院長等人。這次會議的重點為針對一百億元預算的來源，及就將來如何分配等事宜，進行討論。

會中，吳成文才知道，政府其實無法拿出這一百億元，如果以當時有關生物科技的預算，年度大約是八十億元，以國科會當下的狀況，至多再想辦法增加二十、三十億元，但這已經是行政院方面預算的極限了。

行政院籌措國家型計畫預算

知道政府的財政迫窘，吳成文也建議在不增加政府財政的壓力下，可以用國科會基金來支應，不過吳成文已經知道，即令府方如此宣示國家要投注經費激勵生物科技產業的發展，再增加一百億元的預算是絕不可能的。而這次會議並沒有提到將來預算的分配原則，及如何以學術研究來做出成效。其實，當時吳成文已經擔心政府這種且戰且走的科技政策了。

吳成文再次參與行政院的會議，為行政院盡了最大的力量，決定增加三十二億元的生物科技經費，如果再加上國科會當年有關生物科技預算的八十億元，在數目上算是超過一百億元了，這應算是對陳總統政策宣示的回應。這次會議除了國科會及其他相關部會的政府官員之外，中研院副院長及他也一併受邀與會。

行政院認為這是為發展國家生物科技的國家型計畫，希望與會的專家提供意見，如何起始這個重要的計畫。吳成文隨即建議，這筆經費籌之不易，必須善加運用，而我國的研究人員有七、八十%集中在大學，建議在下次會議也邀請重要大學的校長參與，大家集思廣益，一起討論。但中研院副院長表示，這筆預算是中研院爭取來的，中研院理應扮演主導的角色。

國科會表示，中研院的預算編在總統府下，科技經費則是國科會的預算，所以，應當由國科會來主導，一場會議下來，感覺國科會與中研院的步調並不一致。吳成文則認為，將來預算的配置必須非常謹慎，各個學術單位需先研商出共識，提供政府做為擬定政策的參考。他以為這不是誰拿到大筆的經費而已，其實是國家發展生物科技計畫的大決策，一定要非常穩妥，方不會浪費國家資源。

傳達學界意見予國科會、中研院

再下一次就是國科會的會議了，這次除了吳成文之外，與會的還有重要學術型大學的校長，當天中研院並沒有推派代表。會議的重點為針對所增加的三十二億元生技預算事宜，希望與會的學者提供意見。

吳成文建議，他不樂見這筆錢快速地分散出去，希望國科會以專案方式暫時保有預算，集中管理。首先不妨先進行計畫的徵求，邀請重量級的國際學者評核出有益於臺灣的科技計畫，這些計畫可以先執行一、兩年，之後，再進行一次評審，在於生物科技必須要有成功的產品，據此作為評估的準則，選出未來可能達標的計畫。評選出有勝算的計畫之後，再集中資源，進行計畫的投資，這樣才能真正地為臺灣生物科技找到致勝的標的。

這番話，得到與會校長們的認同，設立了這個原則後，大家建議先推選委員，下一次的會議就必須討論未來運作的方式。會議記錄也明載本次會議的共識。

經過兩個星期，吳成文聽說，這三十二億元的預算政府已經決定全數由中研院主掌，消息傳來，引起了各學術型大學的一陣嘩然。吳成文也覺得奇怪，這不是前次國科會會議的決議，而國科會又如何改變得如此倉促？吳成文覺得必須面見國科會主委魏哲和瞭解一下預算決策的始末。

他終於與魏哲和會晤，吳成文提出大學的反彈聲浪，及上一次國科會會議中大家的決議，為何在這短短的時間內，有這樣違反會議記錄的決定？主委表示，這是行政院的最後裁示，且院會已經通過了，定名為「基因體醫學國家型計畫」（簡稱「國家型計畫」），預算計三十二億元，其中二十六億元為支持中研院發展生物科技研究，其他六億交中大學，將來會在大學尋找一位適任的計畫主持人，因為行政院院會已經通過，所以，預算的配置已經確定了。

吳成文瞭解大學反彈的原因，其一是因為當時邀請大學校長到國科會會議，大家的建議是以計畫的優劣來爭取預算，各憑實力。現在，多數的預算集中在中研院，大學唯爭取所餘的六億元，一定會有意見，擔心引起中研院與大學之間的爭持。吳成文覺得必須前往中研院一趟，將他的顧慮告知李遠哲院長。

吳成文與李遠哲見面了，他對李遠哲說，大學的科技預算不高，但臺灣有將近七、八十%左右的研究人員在大學，如果預算過度集中在中研院，不但將來大學會面臨研究發展欠缺資源的困境，中研院也將無法找到由大學培育出來好的博士後研究和好的研究助理，這對臺灣生物科技的發展未必有好處。

但李遠哲有不同的思索，他認為，各大學各自為政無法整合如此龐大的計畫與預算，而中研院可整合院內與生物科技有關的研究所，為臺灣做更多的事情，將對國家更有貢獻。

中研院箭在弦上，啟動核心設施

吳成文知道，這已是定局，既然這是行政院的決定，未來如何執行計畫的發展以及審核，更是重要。就國家型計畫，中研院的第一步規劃為建立基因體學、蛋白體學，及生物資訊等核心設施。中研院希望藉助國家型計畫的執行，在世界這一波以基因體研究為主的生物科技產業革命中，臺灣可以與各國一起競賽，取得一席之地。也因為計畫已經開展，中研院刻正規畫設立核心設施，採購起飛進行中。

而這又是吳成文的憂慮，他思前想後，又親自拜訪中研院副院長。吳成文單刀直入地說道：「所有的核心設施是多數研究計畫所需的貴重儀器設備，是一筆龐大預算，我的建議是先依據子計畫的分類，進行計畫的徵求，大家一起來形成具有競爭力的計畫，再根據計畫的需求採購核心設施。未來有了計畫之後的核心設施，大家可以共享，那麼這投資就是值得的。現在計畫還沒有形成，這麼快採購核心設施，如果將來的計畫需求不多，使用率低，就會形成浪費。何況這些設施除了昂貴之外，維持費都很高，萬一將來有使用率不高的設施，也容易遭致淘汰。採購上宜再三思。」

其實，吳成文的動機還是如同在國科會的會議中所說的，一定要有好的計畫，再集中資源進行投資。國家的財力緊縮，願意挹注生物科技的研究，是希望將來有生技產品來帶動臺灣產業的轉型。中研院主掌這個計畫，也是全國學界的焦點，無論是計畫的徵求，及核心設施的規劃，都需要專精與謹慎，真正把錢用在刀口上。

當年的這段話，吳成文今日記憶猶新，卻不幸為他所料中。

根據基因體計畫核心設施辦公室所提供二〇〇六年至二〇〇八年核心設施統計資料，計畫共計有核心設施二十一個，服務案件未達三十六件的就有五個，除此之外，也有七個核心設施平均未達每年一篇論文的產出。

當然，就整體來說，中研院的核心設施的確提供了服務，不過，因為這幾年儀器設備在世界學術的潮流下，變化太快，如果研究沒有抓住機會趕在世界的發展之先，在維持費高的壓力下，核心設施就必須面對淘汰的命運。

二〇一二年國科會提出國家型計畫將有退場機制，並明訂核心設施等之維運方式與計畫結束後一般計畫回歸處理，這些核心設施不可避免地進入落日條款中了！

二〇一〇年轉型生技醫藥國家型計畫

其實這段時間，國家型計畫也經過轉型。二〇〇九年，吳成文又參與了一次國科會的會議，當時因為國家型計畫已經執行十年，一個新藥也沒有發展出來，原定要產出五個新藥的標的沒有達成，政府已經在檢討國家型計畫的存續問題。與會的還有其他幾位院士，有陳定信、賴明昭、陳建仁等，當時中研院院長翁啟惠也在場。

會議中有學者認為國家型計畫雖未達到發展新藥的標的，但計畫有很好的學術論文，停掉可惜。吳成文則建議，如果不是以發展藥物為終極目標，莫若將計畫的型態瞄準對疾病的研究，為以降低疾病的死亡率為目標，來止息基因體計畫其存續在學界的爭議。

翁啟惠院長恰巧坐在吳成文隔壁，他對吳成文說，也許可以將生技製藥國家型計畫（註四）與基因體國家型計畫合併，集中資源發展新藥，這樣將更有成效。吳成文當下回應道，生技製藥國家型計畫據他所知，計畫主持人趙宇生博士已經與國科會簽約了，合併勢必會產生某些擦撞，中研院應當妥善處理。

其實這段時間，學界不認同的聲音如同石投湖心一樣，漣漪不斷地往外擴散，有學者在部落格中評擊兩個計畫均是失敗的計畫，現在合併成為一個計畫（為二〇一〇年開始的生技醫藥國家型計畫，簡稱NRPB），如同國王的新衣，一開始即注定失敗。

對於兩個計畫是否同為失敗，吳成文個人持保留的意見，其實爾後監察院針對國家型計畫所進行的報告中，生技製藥國家型計畫截至二〇〇〇年，國家計挹注約七千六百餘萬元，但本計畫促進廠商的投資已經高達三十五億三千多萬元，以一個從零開始，且過去我國沒有自行研發新藥的基礎，生技製藥國家型計畫的執行成效並不差。

至於兩個計畫合併所產生的效應如何，當然當時尚不可知，但還沒有開始即引起爭議，看得出來，學界對於兩個計畫的整合是有意見的。二〇一〇年NRPB國家型計畫總主持人為翁啟惠院長。

中研院自二〇一一年起執行NRPB國家型計畫，其計畫的構想為以推動新藥、新試劑、新治療策略，及新興醫材研發為主的目標導向研究，期待整合臺灣學界的生技醫藥研發能量，落實研發成果進入臨床前暨臨床試驗，加速研發成果商品化。計畫以發展新藥、疾病預防，診斷與治療之技術為目標。而計畫的重心則在新藥的研發，並期待新藥產業化的成品釋出。

需策略化思考國家長遠科技發展

學術研究帶動產業的勃興，為科學人心中的理想，誠無可厚非，但吳成文所思索的卻是另一個面向。他覺得有責任與義務對計畫的執行提供看法，這次，他對翁院長是這麼說的：「這個計畫如此重要與龐大，有全國最大的資源、最優秀的研究人力，尤其是擁有最有創造力的學者，大家紛紛投入這個大計劃中。假設有一百位最優秀的學術人力進入，就算是找出一百個候選藥物，但下面階段有關中、下游新藥的發展，臺灣目前還承接不來。」

「即令有一百個候選藥物，若有兩、三個新藥能通過臨床試驗，已算是成功的，但其他九十多位學者的困境是，如果新藥一旦臨床試驗失敗，不管研究做得多好，連發表論文都不容易，那麼不只會影響他們的學術生涯，更是國家科技發展的損失。」

吳成文所思索的是國家長遠的科技發展規劃，及研究人力必須有策略化思考的分化、方能善盡其才，如果以較為通俗的講法就是：不要把所有的雞蛋放在同一個籃子裡。當時翁院長也認同吳成文的說法，但他認為吳成文過慮了，因為這批過程中新藥的研究成果，未來會有「臺灣生技起飛鑽石行動方案」來承接，所以不必擔憂。

NRPB在執行之際，學界不斷有反對的聲音，包括計畫總主持人是中研院院長不應主持國家型計畫，以建立相關迴避原則等。這是爾後翁啟惠院長辭計畫總主持人，及楊泮池院士擔任臺大醫學院院長時接國家型計畫總主持人之故。但日後楊泮池院士遴選上臺大校長，也因大學校長應迴避為由，辭去計畫總主持人，計畫總主持人又回到中研院由賴明昭院士及當時中研院副院長陳建仁院士擔任。

NRPB的最終目的為希望臺灣能做出自己的新藥（註五），而在國家型計畫已經退場的當下，吳成文回憶國家型計畫這十餘年的起伏，他現在所擔憂的並非如學界批評國家型計畫到底是誰要負責任的問題，而是我國科技發展在強國環伺，以及新興國家與地區如中國、韓國急起直追的新世紀，臺灣這幾年似乎依舊停留在原地打轉的困境。吳成文認為這才是目前最急迫應當解決的問題。

註一：依科技部之規劃，國家型計畫於二〇一六年進入尾聲。文中所陳人、事、物，現今均有變動，如國科會業經升格為科技部、政務官亦替易等。此文為以國家型計畫之形成及落幕為線引，陳述國家重要的科技政策其經過之始末。
註二：二〇〇一年五月十二日工商時報焦點新聞，花蓮報導。
註三：詳見「三十而立——吳成文回溯臺灣生技發展三十年」乙文。
註四：生技製藥國家型計畫為國衛院結合大學主導之研究計畫。
註五：本計畫已於二〇一七年四月三十日落幕，有關國家的科技作為，請參照下文。

16. 在政治與民粹下陷落的科技作為——鑑戒與期許

吳成文回國的第一個十年，臺灣正欣欣向榮，政府已意識到臺灣必須發展知識經濟，尤其是生物醫學，涉及人民健康及國家經濟國力，需及早壯大。那時，臺大醫院及榮民總醫院擴建，成大醫學院與長庚醫學院相繼成立，中研院在院士會議的倡議下，建議成立生物醫學科學研究所及分子醫學科學研究所。一群華裔科學家在海外奔走為政府延攬人才返國，臺灣當時站在世界的潮流上，希望急起直追。

國家有準備，也必須有人才。一九八八年吳成文回國擔任中研院生醫所籌備處主任，一批海外學者與之一起返臺。在上一世紀八〇年代的中研院，生醫所及分生所的科學新銳，埋首實驗室，挑戰學術競賽。吳成文身為首批回臺定居的「生醫開拓手」，那時他的心思意念非常單純，只在專心致意地把生醫所壯大起來，希望生醫所成為國際上一流的學術單位。

那幾年，大家揮汗如雨地工作，五年之後，生醫所經過國際評鑑，已具有國際上一流學術機構的水準，回臺的心志似乎是實現了，但吳成文卻愈覺不足。

這期間，他已經發現臺灣當下的問題，其一為研究人力分散，其二為各個學術單位鮮少互動合作；除此之外，臺灣的科技研發投資不足，這些均侷限了臺灣的科學發展。而臺灣要在即將到來的生命科學世紀，站上國際舞臺，單靠大學及中研院新設立的生醫所及分生所等來單打獨鬥，勝出的機會有限。

隨著生醫所的成長，及急速壯大下對中研院預算的衝擊，吳成文已經知道，生命科學的研究必須跳出既定的框架，以整合國內的學術資源出發，為臺灣找出新的發展可能。

一九九〇年於總統府報告「生物醫學研究之現況及展望」

一九九〇年六月十一日，吳成文受邀在總統府的國父紀念月會報告，主題就是「生物醫學研究之現況及展望」，在報告中，吳成文舉時任中研院院長吳大猷所言，我國的學術研究為「人才薄弱，研究膚淺」。吳成文陳述當時的學術背景：學術單位各自為政，缺乏研究的中心主題，以致無法進行深入的鑽研探討，研究經費亦不足，導致大家在一些表淺的問題上，周而復始地浪費時間與資源。

針對臺灣的科技問題，吳成文給了四點建議，包括加強研究人才的培育與延攬、改善研究環境與制度、發展生物技術與醫藥工業，及加強醫學研究體系；而他特別提到美國最高的醫學研究學術機構NIH（National Institutes of Health），及英國的MRC（Medical Research Council）。這是吳成文第一次在公開場合提及英、美的國家衛生研究院，同時建議臺灣也可考慮設立如英、美國衛院之學術機構。

這是上一世紀吳成文思索臺灣未來科學發展的背景，當時臺灣平均每個研究計畫補助經費只有五十七萬元，一九九〇年政府提列生物醫學研究的預算約為七億六千萬元，而臺灣即是在這樣的基礎上建立起生物醫學研究的發展。時至今日，我國總體科技預算已經增長至千億元左右，這是一段前人耕耘搏鬥與成長的過程，吳成文適巧在這個浪頭上，他的心緒有回憶的思索，事實上也有憂梦的掛慮，對臺灣的科技發展，總是懷抱著別有滋味在心頭的關注。

吳成文在美國科學的起步，得到NIH相當多的支助，他曾經擔任NIH研究計畫的審查委員，對NIH在美國進步科技中所扮演的角色至為清楚，因著NIH科學研發的帶領，促使美國在醫學科學上得以領導世界。也所以，他建議臺灣成立類似NIH的學術機構，以國家的高度來領軍生命科學研究的發展。

臺灣成為上世紀亞洲科學研究的先鋒

李登輝總統非常認同吳成文的見解，也認為我國有成立國衛院的必要。同年七月，院士會議建議政府成立國家醫學研究中心，之後得到吳大猷院長的大力支持。當時張博雅為衛生署署長，她親自拜會吳大猷及吳成文，希望衛生署主導成立國家衛生研究院，由衛生署成立籌備處，邀請吳成文擔任籌備處主任。吳大猷院長樂觀其成，回國方兩年，吳成文進入了另一場衝鋒陷陣的開創。

其實那時際大家並不看好這個必須從零建立的新機構，吳成文與國衛院創院的幾位核心幕僚，在不可能中排除萬難，無中生有地創立了國衛院，搏鬥的過程非常辛苦，但這段時間讓他更體認到國家必須以科學來刺激進步的契機，而這絕對是刻不容緩。

國衛院自規劃到籌備六年，這段書寫歷史的創立過程，參與了臺灣科學研究啟肇與飛揚的一段黃金歲月。如果以時間的切割來評估，自一九九〇年到二〇〇〇年，是臺灣生命科學研究令人驚艷的閃亮十年，臺灣在亞洲是除卻日本之外，學術研究讓國際學界注視側目的一塊新版圖，先進的科技大國沒想到彈丸之地的臺灣，可以直追自明治維新開始已發展科學百餘年的日本。當時，吳成文若有機會到亞洲各國會議，大家總是詢問，為何臺灣的科學研究可以爬升得如此之快？

回觀臺灣那時的環境，在中研院方面，攸關生命科學相關的幾個研究所如生醫所、分生所及植物所、生化所等，均是磨刀霍霍地快速成長。吳成文幫助中研院整合其生命科學相關的研究，也建立了新的學術評鑑制度，讓學術以卓越的研究領導。科學家們士氣如虹，競相開拓自己的學術領地。

而新成立的國衛院，在提升醫藥衛生研究水準，增進國人健康福址的設立宗旨下，建立院內及院外的學術研究機制，一方面以院內傑出的研究帶領學術觀瞻，同時以院外計畫支持國內卓越的學者進行研究。這就像是兩張大網，提供資源給國家需求殷切的學術研究（院內）及最優秀的研究人員（院外）。臺灣就是在這樣的天時地利下，如雨後春筍般冒出了各方雄軍，成為當時亞洲科學研究的先鋒。

鄰近邦國向臺灣取經

吳成文記得有一次到韓國參加學術會議，會後安排拜會了韓國的科技高員。韓方早知臺灣這幾年科學研究的突進，當時，韓國政府憂心出國留學的學術人才多數滯留海外，鮮少回國；他們說，韓國有野心在十五年左右，培養諾貝爾獎的科學家。但吳成文回應道，學術必須以卓越學術計畫為基石，不是以獲獎為目標，吳成文點明韓國政府支持科技的動機未必正確，但也知道韓國是企圖心十足，希望趕過臺灣。

另一個實例為中國大陸。一九八七年，吳成文回臺前夕，中國科學院邀請吳成文自美國赴北京進行學術演講，會後又請他講述為臺灣發展科學研究的計畫。中方同樣以訝異的口吻詢問吳成文道，他如何可以帶領三十餘位科學家回臺，為臺灣發展科學研究，而大陸自開放後出國的優秀人才，卻不願意返國，多數留在國外為他國服務。

吳成文回應說：「沒有經濟就沒有科學，大陸的經濟必須建置起來，經濟條件許可，方有能力延攬人才；同時也要建立新的學術制度，讓卓越的人才得以在自己的國家發展。而優秀的人才出國，必須以積極的眼光重新評價，這不是人才滯留國外，而是人才在先進國家接受訓練，在國外儲存、養成高階的學術能力，待有一天國家的發展成熟了，儲備在外的人才自會一一回籠。如同今日的臺灣一樣，出國的學人把最先進的科學研究帶回來，但臺灣也必須提供相對的學術環境，他們才能發展。」

上世紀九〇年代到二〇〇〇年，彈丸之地的臺灣，學術人員約只有三、四千人，這個數字規模如美國一座藥廠或是大學之譜，但學術論文在世界兩百多個國家中排名十八到二十，是全球各國科學發展的前一〇%，也無怪乎臺灣得以讓鄰近的韓國及中國大陸感受威脅重重，覺得臺灣的崛起不可思議。

黃金十年，今榮景已不在

但我國的學術研究卻在二〇〇〇年最關鍵的新世紀開始之際，逐步下滑。而在二〇〇〇年以後，曾經焦慮國家科學發展停滯不前的韓國及中國，已經勢如破竹般跳躍成長，超越臺灣，而臺灣前十年榮景所建立的基礎，反成為緩坡的平地。

觀看這時期臺灣的科學歷程，吳成文總引以為慮。這段時間臺灣的政治經過戲劇化的轉移，新政府企圖將臺灣塑造成為亞洲地區的科技島，大刀闊斧地想推展科學研究，亦把生命科學的研究視為重點。在這背景下，形成了自上而下（top down）的科技計畫，集中資源式地將雞蛋放在同一個籃子中，這策略性的轉彎，也引領學術人員跟著政府的政策打轉。

吳成文記得中研院某個重要的研究所接受國外諮詢委員會評鑑時，發現所內的預算增加、計畫增多，但發表的學術成果與未增加預算時幾乎一致，這表示由上而下所增加的資源，並沒有產出更多、更好的研究成果。吳成文知道這只是冰山的一角，臺灣的學術研究正陷入一場因為政策導引，而原地踏步的困境中。

當時他尚在國衛院院長任內，同時擔任中研院評議委員會評議員，二〇〇四年，於中研院的院士會議中，吳成文針對臺灣的生物醫學學術研究現況，提出報告與檢討。

他指出，目前臺灣的學術論文過度看中論文數目與衝擊指數（impact factor）及SCI的排名，導致學者的學術研究總是找輕、薄、短、小的命題，以求在SCI上充量。粗看下來，臺灣論文的國際排名很漂亮，大約是全球的第二十名，但如果以論文引用數除以研究人員數，成績就落到全球的第九十名，在國際學術競賽中吊了車尾巴，說起來，臺灣的學術成績是表面風光，實質落後。

「概括承受」的重責大任

在吳成文陳述臺灣的學術實況之際，彼時方上任的國科會主委，同是中研院院士的吳茂昆舉手說道：這個數據也許有問題，臺灣應當不會這麼差。吳成文回應說：這是國科會提供的數據。說完，大家哄堂。而這次會議，吳成文的希望為讓與會的我國科學菁英知道，臺灣的學術已經在走向下滑的危機中，必須及早解鎖，讓臺灣穩住腳步，重振研究潛力。

但以如此一席談話，如何可擺正臺灣的學術現況？二〇〇四年也是吳成文思索要退下行政職，回到學術研究關鍵的一年。他覺得回臺的階段性任務已經達成，回首過去十多年，他引進了新的學術思維、幫助生醫所成所、協助整合中研院的生命科學研究，及帶領國衛院進入成長軌道，在國衛院院區建置完成之後，也是他回歸實驗室的時刻了。

回溯那當下的時空背景。二〇〇四年三月二十日，陳水扁在驚濤駭浪中以三萬多的些微票數連任，但社會瀰漫著不信任，而二〇〇四年年底的立委選舉，民進黨挾執政黨之威卻折翼挫敗，陳水扁辭黨主席。二〇〇五年，吳成文已經決定自國衛院院長卸任，這時陳水扁總統約他一談，他也覺得應當跟國家的領導人見一面，讓臺灣的大家長知道目前國家的科學現況。

那是一場非常深入的交談，他與陳水扁總統足足談了兩個小時，因為沒有總統府秘書室的人員在場記錄，故而盡興。陳總統大概也想藉助這場會晤，瞭解臺灣在科學上的近程發展。

吳成文直來直往，手中帶著於中研院報告的數據，單刀直入地對總統說：「臺灣的科技下來了！」陳總統非常訝異，回答著：現在經濟吃緊，各部會的預算都在緊縮，但科技經費從沒有下降，且以每年一〇%的幅度成長，國家一向非常看重科技研究。陳總統又說，他將國家科技交由中研院李遠哲院長負責，支持他放手去做。

吳成文回道：「您是總統，臺灣是在您的帶領下。我國的科技從二〇〇〇年開始下滑，也是您擔任總統關鍵年的開始。無論是甚麼因素讓科技下滑，臺灣新世代的國家景況，無論就經濟、科技、政治，所有都是在您的任內，這張成績單應由國家的大家長來概括承受！」吳成文說出了重點，一句「概括承受」讓陳總統深思了片刻。

科技成為政局浮動下的犧牲打

之後，陳總統回問：為甚麼會是這種狀況？有甚麼因素？總統詢問吳成文科技下來的原因。吳成文說著：「這個問題很大，說起來千頭萬緒，但我認為有一個關鍵的起因，就在於政治的不穩定。」吳成文徐徐分析著：「行政院院長一、兩年就下任，內閣科技官僚一併牽動，政策也隨之浮動。政治不穩定就很難思索長遠的規劃，新的內閣上臺，轉彎出新的科技政策與方案，算一算，這幾年臺灣的學術經歷了科技島規劃、知識經濟發展方案、國家型計畫、兩兆雙星等等，而這些都是由上而下（top down）的方式，支使科學研究肆應這個框架。如果有選舉，問題更複雜，因為每個上臺的人都需要政績，還要兌現選舉時無論合理或是不合理的政見，在這背景下每個在位者都有自己的一套，最好可以立竿見影，速見成效。」

「因為需要政績，所以，新上任的人對前任的作為不感興趣，他要做自己的，是新官上任三把火，馬上換掉先前的規劃。但是隔一、兩年，新內閣又成立了，再把以前做的推到一旁，敲鑼打鼓地提出新的科技方案。這樣周而復始，過去的投資再度付諸流水，臺灣就在這個漩渦中，一直原地踏步。」

「即令是以國家政策為首的由上而下的科技計畫，世界科技先進國家，如美國及人口跟臺灣差不多的澳洲，大約不會超過科技預算的二〇%，在於科技是跟國際競爭，政府也必須深謀遠慮，不應將資源投注在單一的規劃中，以規避風險。目前臺灣由上而下的科技計畫預算，在生命科學領域約佔經費的六〇%，由一群優秀的科學家在執行政府主導的研究計畫，萬一失敗了，這真是一竿子打翻一條船了！可能全民皆輸。」

「科技一定要長遠看，除了要配合政府的科技政績之外，也必須同步關照科學人自我的創意與智慧，這些創意發現，將來可能就是臺灣的機會。朝令夕改、政治考量的科技作為，對臺灣是非常危險的，因為沒有科技，就沒有經濟，沒有經濟，就沒有國防。」

陳總統聽完吳成文的分析，頗有所感地對吳成文說：你不要離開，留下來幫我的忙。吳成文回應道：「謝謝總統，回臺之後，擔任行政職已將近二十年了，是應當交棒了。臺灣的科技問題在總統的手中，就有勞總統了。」知道了吳成文的心意，陳總統說：你把今天告訴我的詳細寫下來，交給我。

吳成文步出總統府的大門，感覺了卻一腔心緒。回到國衛院，他詳盡地將所知的現況書寫出一份報告，呈交總統府。大約過了兩個月，國衛院收到衛生署一紙回文，大意是，吳成文所提的意見非常好，府方（總統府）及院方（行政院）已經知悉，目前都已經依照建議規劃進行中。

可以判斷的是，總統府將公文交給行政院處理，行政院交給衛生署，這一趟公文的旅行，已經嘎然而止了。

學界科專也改弦易張

吳成文在回臺後，於政府的科技政策其實沒有扮演太重要的角色，唯因他身兼重任，要創建國衛院，幾乎把所有的心力放在國衛院身上，而無暇他顧，但也因為是國衛院的院長，總是會參與政府重要的會議，以及與科技官僚會晤的機會，如果有被諮詢的場合，他一向知無不言。

例如當時經濟部次長尹啟銘前往生技中心會議，當時吳成文為生技中心執行董事，那天部長詢問吳成文，如何就經濟部的力量，開發有關生命醫學的相關研究計畫，來幫助臺灣生命科學的發展。

以經濟部來說，轄下最大的研究單位為工研院，工研院對臺灣電子產業及資訊科技早期的發展饒有貢獻。然要以工研院的力量切入生命科學的領域，力量較為單薄，並不容易。所以吳成文建議，經濟部必須善加利用大學的研究潛能，在於臺灣生醫方面有將近七、八成的人力集中在大學。

尹啟銘也認同吳成文的建議，二〇〇一年經濟部開始的「學界科專」計畫，就在這樣的背景下產生了。吳成文於國衛院院長任內，每年均組織審查委員會審查這個重要的計畫，一直到自國衛院院長下任為止。

由於自身回到學界，為規避利益衝突的可能性，吳成文不再主導學界科專計畫的審查。然於吳成文退下行政職約三、四年，一次經濟部邀請他參與討論學界科專的成效。

會議中，經濟部認為投注學界科專數年來，投資報酬率不高，究其原因，在於大學的技術轉移不佳。經濟部支持學界科專的用意，著眼於實際應用，現下以投資報酬率來評估，認為基礎研究的成果無法於應用上彰顯，因此不願意再做投資。

這番考量，讓吳成文想起了吳大猷院長曾說過的話：臺灣科學發展的最大問題在於科學與技術分不開。然科學是科學，技術是技術。吳成文覺得有必要說說話，他言道：「學界科專的執行，是經濟部希望帶領臺灣科技轉型，但學界無法有如公司般商業組織的運作，目前所知，學界科專的研究不差，不過大學欠缺技術轉移的能力與機制，莫若由經濟部成立技轉公司，只要是經濟部提供的計畫需要技轉，就交由經濟部的公司負責，這樣，研究與技術才能各自發揮所長。」

在場的工研院代表表示，就技術轉移這一塊，工研院的經驗豐富，可以由工研院來負責。不過吳成文心知，這樣的提議將因大學未必認同而不容易執行。這是吳成文最後參與學界科專會議的記憶，他知道經濟部的立場為希望儘速看到成果。

二〇一二年開始，過去學界科專「學界開發產業技術計畫」已經停止受理。該計畫推行之後，累積申請專利四千二百九十九件，已獲致專利二千九百零一件，技術成果轉移一千三百八十件，可轉移產業技術達二千五百五十二項，促進業界投資約一百一十二．〇七億元，學界也的確交出了不俗的成果。

目前學界科專計畫業已轉型，經濟部設立新的計畫，希望以計畫橋接研究機構、業界及校園技術團隊，進行技術商品化的研發，名之為「產學研價值創造計畫」。在學界科專已經轉型的現下，吳成文切盼銜接的新計畫，得以延續過去的研究成果，莫讓國家的投資因為政策轉移而耗損。

科學研究與經濟成長的迷思

這幾年，吳成文把精神心力投注在培育新世代的年輕科學人身上，只希望把研究做好，讓年輕人趕快站起來。他期待臺灣的科學發展必須瞄準國家的需要，並兼顧科學人的智慧、創意，尤其是生物醫學的研究，在瞭解世界的科學方向之餘，還必須以解決本土的問題為根基，才能有機會在國際上站起來。這些都需要穩定的科技政策。

政府組織再造之後，行政院部會的整合誕生了衛生社會福利部及科技部，新的組織，新的生態。過去，國科會負責我國科技經費的審核、分配，及科學園區的執行與管理，以功能來說，為國家科技預算的協調與提供資源的機構。不過，國科會科學園區的規劃，也成為與其他部會，如經濟部在執行功能上的混淆。

科技部成立之後，部會成為政府科技政策的執行單位，過去有關科技預算的審核與分配等，則是由行政院科技顧問組轉型的科技會報來承擔。

科技部在國家科技發展必須往前疾衝的現在，學界無不寄望它擔負起領頭羊的角色。而於亞洲經濟板塊快速變遷下，臺灣面對中國、韓國，及中南半島諸國的成長，備覺壓力，科技部首任部長為來自業界的張善政。行政院表示，希望新成立的科技部不僅延續過去國科會厚植基礎研究的傳統，更能積極將學界豐沛的創新能量導向產業，強化我國科技的原創實力，提升學術與產業的國際競爭力。

一言以蔽之，具土木工程學養背景，及曾任職美商Google要職的首任科技部長張善政，其重責大任為拓展基礎研究之外，臺灣技術型科技產業的勃興。

以經濟部學界科專的經驗，可以看得出來，在科學與技術的接縫上，業界與學界的駁合，還需要時間作媒介。科技部身兼重任，尤其是以經濟的發展為新體制的重要策略。然這段時間學界也耳聞，科技部認為一些尖端的學術計畫，臺灣不必參與，例如，天文及太空的探索等，這些讓先進國家如美國來做，我國不必進行過多的投資。科技部認為臺灣科學研究之日的為幫助國家經濟的發展。

但這樣的科技政策思索，卻讓學界擔憂，在於科學研究不是因為目前跟不上科技大國而故步自封，反而應當找出自己的勝處，紮下根基來發展。科學需要創新、發現及發明，尤其是基礎的科學，雖然感覺不出立即的用處，長期卻可能翻轉人類的生活型態。

極限科學的創新價值

吳成文這幾年除了在研究室指導學生之外，同時身兼吳大猷學術基金會董事長，而吳大猷科學營的舉辦，已經在海峽兩岸及港澳地區帶動了重要大學優秀學生的科學學習與交誼。二〇一四年第十三屆的吳大猷科學營以「極限科學」為主題，探討科學上最大、最微小、最高、最低等、最極限的科學現象。

科學的探索是帶領人類進步的最大推力。例如在最高壓下對物理、化學之反應，造成物質科學的新一維空間；及天文發展的技術對國防科技的重要性；還有極度微小到奈米層次對物質質性的改變，已成為遍及生活層面的奈米科技；這些均是基礎科學探索的發現與價值。科技的發展無法自外於基礎科學，舉例而言，現在奈米科技在商品的應用已在社會上廣受重視，這即是科學研究常帶來大家看不到的經濟果效。

極限科學對於國家的科技發展有何影響與衝擊？二〇一四年，在吳成文主持下的吳大猷科學營，大會論壇即是以極限科學為主軸，以「科技發展的長遠政策」為題，邀集各領域的科學家數人，及新上任的科技部長張善政與會。

這是一場非常精彩的對話。會中，張部長表示，他瞭解基礎醫學科學非常重要，科技部的政策一定會支持國內最知名的科學家，如中研院院長或是臺灣大學的校長等人。不過吳成文回應道，無論是中研院院長或是臺灣大學校長，相信均有科學厚實力，無庸置疑，然在科學上，一定要有學術評鑑，來評核研究經費與學術成果，科學為以制度篩選卓越的學術價值。

這場對話，吳成文提出幾個面向：例如，學術的卓越必須仰仗學術制度，知名與卓越有時並非同軌之思索，此其　。以及科學推到極盡的鑽研，才會有新的發現與發展，不必然全部為經濟服務。但科學之成果一定會服務到人類社會，無論是健康、經濟、考古、文化，甚而人類之息戰和平等，只不過，在時間的長河下，科學家並不知道何時會展現出或快、或慢的結果。

於吳大猷科學營科學論壇的互動中，吳成文希望與會的青年學生，同時廣開視野，瞭解學術研究的真正價值。而這場對話也在學生們之聆聽中落幕，至於成效如何，也只能仰仗在位者科技政策的智慧斷定了。

科技政策是誰說了算？

張善政爾後擔任行政院副院長及繼任院長，當時內閣因為執政黨敗選而易主，然科學政策卻不能因此而擺盪。新內閣成立後，吳成文一次受邀參與科技部的會議。就吳成文記憶所及，會議為討論臺灣科技發展的重點。

會議討論的主題以數字序號標列其重要性，吳成文發現排名第二的居然是執行「立法院交辦事項」，這次他再度忍不住，舉手發言了：「為甚麼第二項是立委交辦事項？」與會的官員非常無奈地回應說：「沒有辦法，因為立法院控制我們的預算，沒有預算，科技部動彈不得，我們只得順應他們的要求。」

吳成文說道：「這是明顯的外行人管內行人！」他頓了口氣，又說：「這就是我們需要科技部的原因，科技部必須為學術界力爭。科技部主管國家的科技發展，釐定國家的科技政策，科技政策必須依循科學發展的原則，而這是有專業性的。舉美國國家衛生研究院為例，有關未來的研究發展途徑（road map）是多位科學家經過兩年討論才決定的。不能如科技部所提，立法院或是立委怎麼說就怎麼做。如果和科學原則相背或不合，則需要科技部去溝通與說服，不然國家需要科技部做什麼？」

在會議上，吳成文說出了重話。他曾經擔任過國衛院院長，為了國衛院的預算，必須在立法院中奔走，不停的溝通及說明，他當然知道立法院的強悍及民粹式的生態，但身為國衛院的領導人，必須逐一去克服，這是不能脫免的責任。這番重話也許令科技部的官員不悅，吳成文只想點出科技部對臺灣科學發展的重責大任，千萬不能屈服在民粹導引的泥沼中。

另一次讓他印象深刻的是參與由科技會報主導分配我國科技預算的會議。當天的會議為討論未來科技經費支配的大原則，綜體來說有三大區塊，為：經常性、策略性，及所謂的大水庫。經常性為目前已經在執行的研究計畫，策略性的是由上而下（top down）政府要求學界進行之研究計畫。這兩項計畫均需進行年度評鑑，之後，根據科技會報的規劃，只會保留原計畫的七〇％，而剩下三〇％的經費將由政府掌控，全部進入大水庫中。

吳成文那天又嚴詞地發言了。他說：「現在大家心裡要有數，手中的科技計畫，無論研究計畫進行得如何，明年只能保留七〇％，三〇％一定會流入大水庫。至於政府政策性由上往下的研究計畫，是政府說了算，沒有經過學界大家的討論，為何會形成這些計畫。而所謂大水庫內的預算，政府將來要做甚麼，大家都不知道。大水庫未來要如何審核？是否已經建立了評核機制，我們也不清楚。這是國家的科技發展啊！必須謹慎小心。」

寄望腳踏實地的科技作為

這些感慨吳成文的確是有感而發，在於科技發展牽涉國家將來的競爭力。古老的亞洲大地過去因競爭力不及西方，遭受過殖民之苦，重要的因素之一就是科技的落後，也所以，科學成為各國將來進步的指標，絕對不能草率。

而臺灣的科學發展，現下受困於民粹，綑綁於政治，浮動在每一位上位者的表面光鮮政績下，高舉著經濟的大旗而盲動，這是吳成文最不樂見的。

他在會議的最後說道：「國家有兩項政策最為重要，一是教育、一是科技，不可以朝令夕改、草率更動，必須要有長遠的規劃，因為這涉及國力的發展，必得嚴謹周觀。十二年國教已經搞得人心浮動，莫衷一是，大家在爭議責任的歸屬，反而是對國家、對教育的斲傷。希望我國的科技政策不要步十二年國教的後塵，要戒慎謹懼，思而後行。」

回國將近三十年，有一段一段與國家科技發展親身參與的記憶。猶記得一九九〇年，於總統府月會的演講中，言及國家生命醫學科學研究未來的展望，他一字一句地說出：「瞭解了當前生物醫學發展的趨勢，面對我國現有薄弱的研究體質，我們應當有怎樣的因應對策，才能迎接即將來臨的二十一世紀的挑戰呢？要想讓我國生物醫學的研究在二十一世紀於世界上佔有一席之地，必先強健我國學術界的體質。必須厚植我們的研究人力，改善我們的研究環境。更重要的，必須把握務實原則，徹底摒除虛浮、作秀的風氣，腳踏實地提昇我們的研究水準。只有在學術界有了深厚堅實的基礎後，才可能對未來的挑戰做出適當的回應。」

這是二十七年前吳成文所說的話：必須把握務實原則，徹底摒除虛浮、作秀的風氣，腳踏實地提昇我們的研究水準。二十七年人事因循替易，國際的科學發展一日千里，臺灣的科學界努力爬升的過往，有許多人的心力與智慧投注其中，但卻是榮景不在！

吳成文希望藉助他回憶的闡述，也讓大家找出傷害我國科技體質的因素。在這一場與世界競爭的大賽中，臺灣曾經如此亮眼，而如何挺進、再起？是國家的責任，更是學界的考驗。

17.創新建造在穩健政策上——行筆二〇一七政府科技政策二、三事

建立產、學、研一體鏈結的學術計畫，使研發能量產業化，並以「創新」的思維來幫助臺灣的產業發展。創新、創新、產業、產業——這幾乎成為臺灣學術圈的流行詞彙，也是第十次全國科學技術會議的中心思維，更是二〇一六年政黨替易下，新政府認為臺灣數年來經濟原地打轉及年輕世代出路侷限下的一帖速效處方。也就是說，學術研究必須急速產業化，建造出臺灣以科學、科技技術結合新創產業的成長標的，來帶動臺灣的經濟發展。

談及科學、技術、創新，其堅實的地基為基礎的學術研究，加上具有能力承接的產業，才有可能進行一體鏈結的研發與產出。臺灣在新世紀的科學研究及生技產業是否具備能力，來接軌學研的成果，作為一位關懷國家科技發展的科學人，吳成文也在觀察與思索政府如何進行這波全國科技大動作。

產學研鏈結的新創計畫

二〇一六年一向主管教育政策的教育部端出「新型態產學研鏈結大學研究中心」旗艦計畫，公開向各大學徵求，其計畫的重心為推動大學成立鏈結的中心組織（如研究中心），以作為產學研一體研發、人才培育、衍生產業新創的動能基地，希望達成創新創業（spin-off），或是加入企業提升產業技術（spin-in）的加乘效益，本計畫並以未來能夠催生新創公司為職志（註一）。

教育部以全國教育政策暨教育事務為其重大執掌，過去罕見以學研結合產業創新之學術計畫，不過這次計畫卻是劍及履及火速展開。

二〇一六年十一月二十五日，由教育部、科技部及經濟部共同召開記者會，當時的教育部次長現為科技部部長的陳良基宣布學界重要的「突破性創舉」，將推動「新型態產學研鏈結試辦方案」，以美國的矽谷為師，促動法人中傑出的人力進入大學，產學研合作創建臺灣的新創獨角獸，四年後希望成立一流的新創公司，期待在幾年後挑戰十億美金的估算值（註二）。

感覺如此新創的模式為經濟部執掌的計畫，但這卻是教育部所領軍的產學研合作新創架構一個公開的宣示。因為涉及各大學研究資源的挹注，大學積極爭取。教育部在大學所提出的一百八十四件創意構想計畫書中，選出五十三件，並邀請其中三件可能成為臺灣獨角獸的計畫主持人公開召開記者會對外說明。吳成文正巧應邀參與一件由清大楊嘉鈴教授主掌之計畫，也是教育部所選出具有潛能打造產學研鏈結成功的新創計畫。

這是由教育部、科技部、經濟部，三大部會攜手合作所提出的學、產、研三方合作，一位曾經任職科技部高層的科學家表示，政府施政的大方向為期待前瞻國人的需要及解決社會議題。現今臺灣所面對的經濟成長侷限，就是新政府團隊必須切入的方向。想當然爾，這是新政府科技政策施政的重點，產學研價值創造計畫的發想，也肇基於此。

吳成文在陽明大學與中央研究院目前尚有實驗室，也還申請科技部的研究計畫，吳成文維持實驗室的運作，為在傳承科學視野與學術經驗，盡力幫助年輕人在學術上成長獨立，當然也期待有創新與卓越的突破。因為有研究計畫之故，對於政府科技政策翻新的大力行動，有著一番看法。

挑戰永續學術研究不容冒進

這個經驗因著手中學術計畫必須在變動中急速因應有關。吳成文與陽明的學術團隊於二〇〇八年開始申請科技部前身國科會的幹細胞前瞻計畫，計畫一期三年，陽明的學術團隊成績優異，評等極佳，其幹細胞計畫業已執行三期，第三期之計畫與科技部之合約應執行到二〇一六年底。

不過在二〇一五年九月，科技部來訊表示，將停止幹細胞前瞻計畫。政府認為臺灣的幅員不大，未來有關幹細胞之研究，必須往上躍進為細胞治療，而且要有新團隊及新思維。公部門通知除了原來幹細胞前瞻計畫即將終止的訊息之外，更重要的宣布為，未來有關細胞治療的旗艦計畫，必須與企業界合作，舊有幹細胞前瞻計畫的研究團隊將不能申請。弔詭的是，若沒有創新的幹細胞研究，何來躍進方式的細胞治療？

這個訊息帶來兩個衝擊，一是實驗室的運作將因計畫終止預算隨之發生危機，以及新計畫若是舊團隊不能申請，數年來所培養的學術團隊將一哄而散，過去的投資與努力將全數泡湯，這其中尚不論臺灣在細胞治療的研究及臨床領域是否已經成熟，臺灣企業界有能力發展細胞治療的公司有幾家？政府冒動的科技作為，不僅會影響原本執行績效極佳的學術團隊，所蓄積的研究能力將因計畫無以為繼而潰散，公部門具企圖的新計畫，冀望帶動臺灣學術與產業勃興的夢想，也可能只是紙上談兵而已。

吳成文認為他必須把這層憂慮傳達給科技部門。他前往科技部向主管官員言道，幹細胞的研究非常尖端，是與全世界競比，美國、歐洲及日本都投入很大的心力與人才，挑戰未來在醫療上有嶄新的能力與爭勝角色，臺灣這幾年也急起直追，希望迎頭趕上。但現在這個計畫尚在執行，除了中途腰斬之外，新的計畫還規定舊有團隊不能申請，將來如何能在國際上競爭？科技部這項作為實在過度草率。

吳成文表示，這個決定的風險非常大，其一是，世界各國進步的速度非常快，臺灣斷然結束計畫，實驗室已有的研究能量無以為繼，反而浪費了政府過去的學術投資，何況新計畫規定幹細胞前瞻計畫的學術團隊不能申請，更扼殺了過去培養的相關人才。科技部必須深思熟慮，科技的政策是創造競爭力，不能朝令夕改，政府的施政團隊容或替易，但科技的發展是持續的，不能輕率地中斷。

吳成文瞭解新政府急於進入所謂細胞治療及產業化的思維，同時切盼學術團隊與企業合作，創新臺灣於生技領域的先機，然問題在於臺灣的生技產業在細胞治療領域的能力正在起步階段，如果一味配合現有產業，只能跟著先進國家後面，亦步亦趨而已。這其實一直是臺灣學界與產業必須面對的現實，學術與產業的媒合，政府的重點是適當配對，而不是草率出題。

這些話科技部聽進去了，爾後科技部針對曾經是幹細胞的學術團隊執行一年的銜接計畫，計畫名稱訂為「再生醫學科技發展試辦計畫」，以作為未來再生醫學發展計劃執行前之預備，且讓舊有團隊仍有參與計畫競爭的資格。

切忌決策粗糙，執行倉促

二〇一七年政府公開徵求「再生醫學科技發展計畫」，把原先規劃在二〇一八年一月的計畫提早在二〇一七年一月開始，以減去斷層之虞。而再生醫學計畫的重點，為依據政府於二〇一六年提出之「亞太生技醫藥研發產業中心」之政策，將再生醫學的研究重點集中於轉譯創新研究及設立育成中心。

新計畫的思索為希望學研與法人或企業合作，導向產業無論是新藥、醫材、檢驗試劑，及細胞治療、組織工程等之領域，藉助產學鏈結來整合跨領域科技，達成人才培育與新創產業之標的，幫助國家的產業轉型。

這是政府的宏圖，自無可厚非，但是吳成文所憂心的在於政府的政策作為常因著執政團隊不同，及不穩定的內閣，陷入決策粗糙、執行倉促的窠臼之中。

例如，本次計畫的重點除整合跨領域科技之外，同時點名產學鏈結及新創產業、輔導產業轉型等。當各學術單位於計畫進行競爭，前往科技部計畫辦公室評審之際，計畫辦公室的主持人表示，本次計畫評審的重點不在科學研究內容，而是著重配合政府二〇一七年所推動的「五＋二產業」（註三）的規劃。

亦即，計畫的重點為須與產業、法人合作，或是未來規劃與產業、法人合作等，期待所有學術研究佈局前瞻科技發展，接軌國際競爭力。也因再生醫學科技計畫的重點為產業化，所以參與評審的亦有業界的人士。

當時「五＋二產業計畫」所推出旗艦競爭的計畫為預估預算四億元，不過當再生醫學科技計畫公開徵求之際，基於經費的限制，要求每一團隊的預算以兩千萬元為限，而在計畫評核通過之後，其實最高的預算為一千五百萬元。吳成文所關懷的並非預算的差距，而是政府執行及規劃政策的草率，在於預算的上下調動其實是決策浮動的一個表徵而已。

例如，於各學術團隊競爭計畫之際，再生醫學科技計畫發展辦公室主持人明確道出，這次計畫的重點在關照產業化的前景，所以若是計畫團隊有公司，或是與企業合作等，這樣評審的分數自然會高。這也是評審中有業界人士之故。

這次評核只要計畫中有公司，即令學術做得不是最出色的，也可以拿到高預算。

這才是吳成文所擔憂的問題，在於科學是要跑在前面，有卓越創新的科學成果方值得移轉給產業，科學的競爭不是去因應產業現在的作為，或一味跟進（me too），科學是第一名的全拿，其他全是落伍。其他的先進國家亦然，一定是科研在前面開路，產業在後面緊追，而現在臺灣卻是倒著做。學術界的研究計畫若不評核學術的卓越與創新，這對業界也是噩耗，因為未來所能移轉的科技成果若不具競爭力，業界的投資也將血本無歸。

而產、官、學、研的合作，政府在扮演主導的角色之際，是如何形成政策的？其實正是目前臺灣科學最主要的問題關鍵。

略數國家有關生技研究的科技政策，吳成文回臺後歷經各種政府推動的計畫，無論是知識經濟、兩兆雙星產業、國家型計畫、生技起飛鑽石行動方案、生技醫藥國家型計畫、幹細胞前瞻計畫等等；及現在跨部會包括經濟部、教育部、科技部的產學鏈結新創計畫（註四），再加上「五＋二」產業旗艦計畫、再生醫學科技發展計畫……，臺灣的科技行動一波又一波，但學術研究與產業的勃興，有否如期待地進行？國家的政策是否扮演好了領頭羊的角色？這才是現下應當反省的重點。

例如，吳成文提及美國國家衛生研究院其長遠研究方向的形成，由政府邀集兩百多位重要的學者，經過長達兩年的會議，大家深入地討論、商議，之後形成共識，再匯集學者的建議，融聚出研究重點。這才是美國國衛院的road map（發展途徑），更遑論國家的科技方向與政策的釐定。感覺上這是一個非常耗時的過程，不過卻提供了長遠發展的研究策略，學界與政府進而攜手並進，共同創造國家的科技實力。因為科技政策與教育政策一樣，是絕不能朝令夕改的。

可想而知，科技政策的形成，及如何「正確」地汲取學術界的研發能量，絕對不是紙上談兵的釋出所謂大型的研究計畫，而是學界與政府如何建立共識機制，來導引適合國家長遠發展的科技政策。

組織變革下科技政策缺乏國際眼界高度

過去我國科技政策之形成，行政院的科技顧問組扮演重要功能，於上一世紀所創造的機制為由政府具名，邀請國際知名的科學家參與，而國外的科學家扮演著重要的國際科學視野之高度，參與科技顧問組之討論與建言。這是我國科學策略於上一世紀逐步建立與形成政策的過程。

吳成文回臺之際，適逢當年於美國攻讀博士的西方儲備大學醫學院院長、已經為美國科學院院長，同是諾貝爾醫學獎得主的Frederick Robbins，前來臺灣參與並主持科技顧問組的會議，也因與吳成文相熟，每一次來臺均特地與吳成文會晤，希望吳成文提供一些意見，以幫助他更進一步確認臺灣的科技需求。兩人會面往往相談甚歡，而吳成文也知，昔年的科技顧問會議，法國科學院院長亦受邀參與。這是政府重視先進國家科技作為以為借鏡的舉措。

李遠哲回臺之後，接掌科技顧問組，為首席科技顧問，除增聘國內科學家及重量的科技型企業領導人參與科技顧問組之外，同時持續邀請國外的科學家擔任科技顧問，也在於希望以具國際高度的視見，為臺灣的科技提供他山之石的見解，幫助臺灣成長。

跟隨著政府的組織變革，現今科技顧問組之功能已被科技會報所取代，不過目前科技會報由行政官僚如行政院長擔任召集人，科技部部長及科技政委擔任副召集人，除中研院院長為當然委員，各部會如文化部、衛福部、農委會、交通部、經濟部等，均為科技會報委員。科技會報在組織定位上為希望提升政府績效，落實跨部會的分工協調。看得出來，科技會報所扮演的功能與過去科技顧問組時代已經大異其趣。

舉二〇一六年十二月所召開的第十次全國科學技術會議為例，會議的規劃為科技部委託民間團體辦理，部會各自提出其科技建議、或是所屬部會業務範圍內之作為。其中吳成文聆聽的一場重要的專題演講為兩天半會議中僅有的半小時，由中研院院長廖俊智主講的「基礎研究及（或）應用研究」。

這是吳成文在科技會議中唯一聽及國家基礎研究的重要性，及政府必須進行穩健與長遠的基礎研究投資，演講中廖院長言及基礎研究為國家長期發展及業界轉型的基石。可惜的是，現場唯有業界提問，如果產業界不同意，學界應如何配合？看得出來本次科技會議因以產業的創新為主軸，致使科技會議無意中成為政府必須為產業背書的失衡狀態。

政府組織改造之後，期待由科技會報進行國家科技願景與前瞻藍圖審議，制訂整體施政目標，以作為由上而下科技政策推動的依據，並配合每四年的全國科技會議，來制訂國家的科技發展計畫。

但若以最近的全國科技會議之形成內容及科技會報的組織成員觀之，不難看出，目前的科技政策缺乏各不同領域科學界的重量級學者、及國際上具有遠見的科學領導人士參與，而所倚重的全國科技會議其實只是各部會的大拜拜講臺而已。如此的作為，如何形成長遠及具競爭力的科技政策？

應重視科技創意，建立機制集思廣益

二十一世紀是「科技立國」的世紀，一個國家的興敗與競爭力，主要依據的就是科技的發展，沒有科技的發展，就沒有經濟的蓬勃，沒有蓬勃的經濟，就沒有國家的競爭力。一國的科技實力，必須建立在堅實與宏觀的科技政策上，需要學界與政府的互動與討論，因之執政者並非只主導政策，而應是「正確」政策的執行者。

有人說美國太大了，國力與臺灣不可同日而語，我們不能單以美國為例，吳成文再舉處境一向艱困、卻能逆勢成長的以色列為例。以色列位處強敵環伺之地域，同是缺乏天然資源，然科技的發展是以色列保有國勢的守門磚，以色列政府非常重視國家的科技作為。

自二〇〇〇年開始，以色列國家的科技政策已經採取分散化（decentralized）模式進行，打破原來由政府決定的大型研究計畫（master plan）之思索，翻轉過去以菁英領導由上而下（top down）的決策模式，移動為由下而上（bottom up）之途徑。

而這個改變，主要在於以色列政府結合各部會、大學、業界、基礎科學、技術與工業研究單位，及其他教育組織等，形成一個重要的機制，跨領域專家互相溝通，從每週、每兩個月到每半年，邀集政府首長與會討論，一步一步形成國家科技發展的共識。以色列不以複製矽谷為標的，而是找到自己的定位與優勢，政府則制訂明確的政策與配套措施，以落實政策執行。現今的以色列已成為全球ICT產業（Information and Communication Technology，國際資訊與通信科技產業，簡稱ICT），及全球生醫研發的重鎮（註五）。

以色列自二〇〇〇年開始將全國的科技計畫自政府由上而下的思考模式，改變為分散化的及透過集思廣益的機制所產生的科技行動，這個時間點，正巧是臺灣以重大的資源執行國家型計畫之際。

科技發展需要永續與穩健

即令是政府如此大開大闔地進行諸多計畫，然而實際執行計畫的過程中，更出現諸多倉促失衡的現象。例如計畫於年前十一月定案，二月公告，四、五月審核，六月確認計畫通過，如此預算核發的時間自是在後。而年度的預算，必須在年底關帳。可想得見的是實驗室的前半年絕不敢過度使用經費，相關實驗的耗材，不是積欠廠商，要不就是由實驗室的主持人先行墊付。而在下半年預算下來之際，想當然耳，大家就必須「盡量」執行預算及研究計畫，這樣年底才可能核銷完畢。

想想一年的計畫要在三、四個月做完，怎會有良好與合理的成果？何況如此預算的消耗方式，對於實驗室的年輕人無論是博士後研究員及助理等，也不是一個正確的養成模式。其實這般的現象在學術圈已經是心照不宣的公開秘密了，要在如是的組織運作中培育臺灣的科學新生力，觀看研究資源的挹注與執行間之細節，怎不令人搖頭嘆息。

臺灣將近二十年的科技作為，隨著政府的意志，各種計畫的執行與更動，不一而足，但是成敗論英雄，自二〇〇〇年開始，正是臺灣科技往下滑落的關鍵點。這時刻又見公部門為了振興經濟，端出各樣的「計畫」與「建設」方案，先不談國家的科技應如何往前挪動，及今日各部會積極挑戰的無論是「創新」或是「新創」、是「創價」還是「價創」等等，希望「創造」臺灣機會的新計畫，然這些計畫是否會成為明日黃花，即連政府與科學界也都不敢斷言。

這就是吳成文所言道的，臺灣現下的問題為落入「決策粗糙」，「執行倉促」的泥淖中。他常說，國家有兩個非常重要的決策必須審慎，一是教育、一是科技，在於科技與教育牽繫著臺灣未來的國力，可惜的是，這也是政府無論哪個執政團隊均受詬非之處。

以一位想傳承科學經驗的科學人如他來說，所憂心的早已不是自己的學術成績，而是年輕人未來的學術生命；心情焦慮的不是自己單一實驗室的經費、預算，而是國家長遠及具有高度、視野遼闊的科技作為。勢單力薄的臺灣科技要如何走出優勢與機會，而永續的科技發展，於基礎研究與應用研究中的差距，其媒合所需要的，第一步就是政府穩健正確的科技政策。

註一：詳見教育部旗艦計畫「新型態學研鏈結大學研究中心」計畫資訊。
註二：二〇一六年十一月二十九日自由時報記者林曉雲報導。
註三：「五＋二」產業是指，亞洲矽谷、生技醫療、綠能科技、智慧機械及國防航太等五大創新產業，再加上新農業、循環經濟。
註四：二〇一七年原由教育部主導之新創計畫，已轉移至科技部執行。
註五：李慧芳／從以色列模式探討臺灣科技政策之支援體系（國研院科政中心，2016-09-03）。

Collection F10

傳承——耕耘生命科學的下一世代

金塊文化

作　　者：吳成文、劉傳文
發 行 人：王志強
總 編 輯：余素珠
美術編輯：JOHN平面設計工作室
封面攝影：張峯碧

出 版 社：金塊文化事業有限公司
地　　址：新北市新莊區立信三街35巷2號12樓
電　　話：02-2276-8940
傳　　真：02-2276-3425
E-mail：nuggetsculture@yahoo.com.tw

匯款銀行：上海商業銀行 新莊分行（總行代號 011）
匯款帳號：25102000028053
戶　　名：金塊文化事業有限公司

總 經 銷：商流文化事業有限公司
電　　話：02-5579-9575
印　　刷：大亞彩色印刷
初版一刷：2017年12月
定　　價：新台幣420元

ISBN：978-986-94999-8-9（平裝）
如有缺頁或破損，請寄回更換

團體訂購另有優待，請電洽或傳真

國家圖書館出版品預行編目資料

傳承：耕耘生命科學的下一世代 / 吳成文、劉傳文著. –
初版. -- 新北市：金塊文化, 2017.12
328 面；15 x 21公分. -- (Collection ; F10)
ISBN 978-986-94999-8-9(平裝)
1.吳成文　2.生物醫學　3.臺灣傳記
783.3886　　106022128